名人传

苏轼
千古风流人物

陈沛慈 著　　程刚 绘

人民文学出版社
PEOPLE'S LITERATURE PUBLISHING HOUSE

著作权合同登记:图字 01-2022-5202 号

© 三民书局股份有限公司
本著作中文简体字版由三民书局股份有限公司授权上海九久读书人文化实业有限公司与人民文学出版社在中国大陆(台湾、香港、澳门地区除外)独家出版。

图书在版编目(CIP)数据

苏轼:千古风流人物/陈沛慈著;程刚绘. —北京:人民文学出版社,2019(2024.11 重印)
(名人传)
ISBN 978-7-02-015144-8

Ⅰ. ①苏… Ⅱ. ①陈… ②程… Ⅲ. ①苏轼(1036-1101)-传记 Ⅳ. ①K825.6

中国版本图书馆 CIP 数据核字(2019)第 059464 号

责任编辑　卜艳冰　杨　芹
装帧设计　汪佳诗

出版发行	人民文学出版社
社　　址	北京市朝内大街 166 号
邮政编码	100705
印　　制	山东新华印务有限公司
经　　销	全国新华书店等
字　　数	71 千字
开　　本	890 毫米×1240 毫米　1/32
印　　张	4
版　　次	2019 年 7 月北京第 1 版
印　　次	2024 年 11 月第 3 次印刷
书　　号	978-7-02-015144-8
定　　价	35.00 元

如有印装质量问题,请与本社图书销售中心调换。电话:010-65233595

序

不论世界如何演变，科技如何发达，但凡养成了阅读习惯，这将是一生中享用不尽的财富。

三民书局的刘振强董事长，想必也是一位深信读书是人生最大财富的人，在读书人数往下滑落的多元化时代，他仍然坚信读书的重要性。刘董事长也时常感念，在他困苦贫穷的青少年时期，是书使他坚强向上；在社会普遍困苦、生活简陋的年代，也是书成了他最好的良伴。他希望在他的有生之年，分享这份资产，让其他读者可以充分使用。

"名人传"系列规划出版有关文学、艺术、人文、政治与科学等各行各业有贡献的人物故事，邀请各领域专业的学者、作家同心协力编写，费时多年，分梯次出版。在越来越多元化的世界中，每个人都有各自的才华与潜力，每个朝代也都有其可歌可泣的故事，但是在故事背后所具有的一个共同点，就是每个传记主人公在困苦中不屈不挠的经历，这些经历经由各位作者用心查阅有关资料，再三推敲求证，再以文学之笔，写出了有趣而感人的故事。

西谚有云：世界因有各式各样不同的人，才更加多彩多姿。这套书就是以"人"的故事为主旨，不刻意美化主人公，以他们的生活经历为主轴，深入描写他们成长的环境、家庭教育与童年生活，深入探索是什么因素造成了他们的与众不同，是什么力量驱动了他们锲而不舍地前行。以日常生活中的小故事来描写出这些人为什么能使梦想成真，尤其在阅读这些作品时，能于心领神会中得到灵感。

和一般从外文翻译出来的伟人传记所不同的是，此套书的特色是由熟悉文学的作者用心收集资料，将知识融入有趣的故事，并以文学之笔，深入浅出写出适合大多数人阅读的人物传记。在探讨每位人物的内在心理因素之余，也希望读者从阅读中激励出个人内在的潜力和梦想。我相信每个人都会发呆做梦，当你发呆和做梦的同时，书是你最私密的好友。在阅读中，没有批判和讥讽，却可随书中的主人公海阔天空一起遨游，或狂想或计划，而成为心灵

知交。不仅留下从阅读中得到的神交良伴（一个回忆），如果能家人共读，读后一起讨论，绵绵相传，留下共同回忆，何尝不是一派幸福的场景！

  谨以此套"名人传"丛书送给所有爱读书的人。你们都是世界上最幸福的人，因为一直有书为伴，与爱同行。

目 录

1. 诞生于乱世 …………… 1
2. 父母启蒙 ……………… 6
3. 才华初露 ……………… 10
4. 父子同心 ……………… 21
5. 一举中的 ……………… 27
6. 兄弟情深 ……………… 31
7. 智退辽使 ……………… 37
8. 为民喉舌 ……………… 46
9. 悠游杭州 ……………… 57
10. 好友佛印 ……………… 68
11. 以民为重 ……………… 77
12. 牢狱之灾 ……………… 88
13. 东坡居士 ……………… 97
14. 看破仕途 ……………… 105
15. 恬淡自处 ……………… 109
16. 随遇而安 ……………… 116
苏轼小档案 ……………… 120

名人传

苏 轼

1037—1101

1. 诞生于乱世

宋朝是一个重文轻武的朝代。因为之前唐朝的灭亡，就是各个藩镇拥兵自重，不听中央的指挥，加上宋朝的开国皇帝又是靠陈桥兵变、黄袍加身登基的，所以特别害怕武将篡位，因而宋朝制定了压制武将重用文臣的政策。但是由于这种政策太过重文轻武，使得宋朝内实外虚。当北方强敌在边境虎视眈眈的时候，宋军往往无力招架，只能一味采取守势。

面对经济的空前繁荣和军事的软弱，宋朝的读书人很多都立志报效国家、改革时政，希望能让宋朝有所改变。然而由于每个人的见解不同，主张的改革方式也不同，所以朝政掀起了一阵又一阵的大小改革与斗争。就是在这样一个风云丕变的时代，善良、快乐、无惧、幽默豁达、才华洋溢的文学家苏轼诞生了。苏轼的诞生不仅为宋朝注入一道靓丽的颜色,他更以个人独特的魅力,成为中国浩瀚的文学史海中,最闪亮且令人崇敬的巨星之一。

1037年1月8日(北宋仁宗景祐三年十二月十九日),眉州城内,家家户户正忙着为农历年的来临做准备。而住在纱谷行的一户苏姓人家却提早沉醉在欢愉的气氛之中,因为这个家的小男丁已经在夜里诞生。

这个家里的男主人正是二十八岁的苏洵,当他看到自己的儿子呱呱落地时,强烈的喜悦冲击着他的内心。他把小婴儿抱在怀里,细细地看了又看,眼里漾着微微的泪光,他怕被旁人听见,于是在心里对着小男婴说:"为了你,爹一定会更努力,我要开始发愤读书,取得好功名,让你过更优渥的生活!我的儿子呀,我们一起努力吧。"

"你帮这个孩子取个好名字吧。"刚生产完的程夫人,半坐半卧地躺在床上,满眼爱意地看着自己的丈夫和襁褓中的孩子。

"嗯,好好好。"苏洵高高地举起小男婴,小婴儿两条胖嘟嘟的小腿,在半空中不停地踢动着。

"对一辆马车而言，车轮、车辐、车盖、车轸①都有用处，唯独车轼②好像没什么用，但缺了它车又不完整。不如就取名为'轼'吧，苏轼，苏轼！希望我儿能默默无声扶危救困。"苏洵高兴地抱着孩子，大声说出孩子的名字，仿佛要昭告全世界，让全世界的人都能分享他的喜悦。

程夫人骄傲地看着丈夫与儿子，抿着嘴笑："你赶快出去告诉爹，我想他老人家大概还在大厅里等候着吧。"

"好，我这就去告诉爹这个好消息，顺便带这个壮小子去见见祖父。"苏洵才打开房门，祖父苏序③已经拿着小酒壶走进房里。

"快让我看看我的宝贝孙子！"苏序从儿子的手中接过小男婴道，"好好好！哈哈哈！好个白白胖胖的壮小子，你帮他取什么名字？"

"苏轼。"苏洵一脸骄傲地回答。

---

① 轸：车底的横木。
② 轼：古代车前用作扶手的横木。
③ 苏序：苏轼的祖父，因为祖父的名字有"序"这个字，所以往后苏轼写序文时，为了表示对祖父的尊重，一律将序文称为"引"。

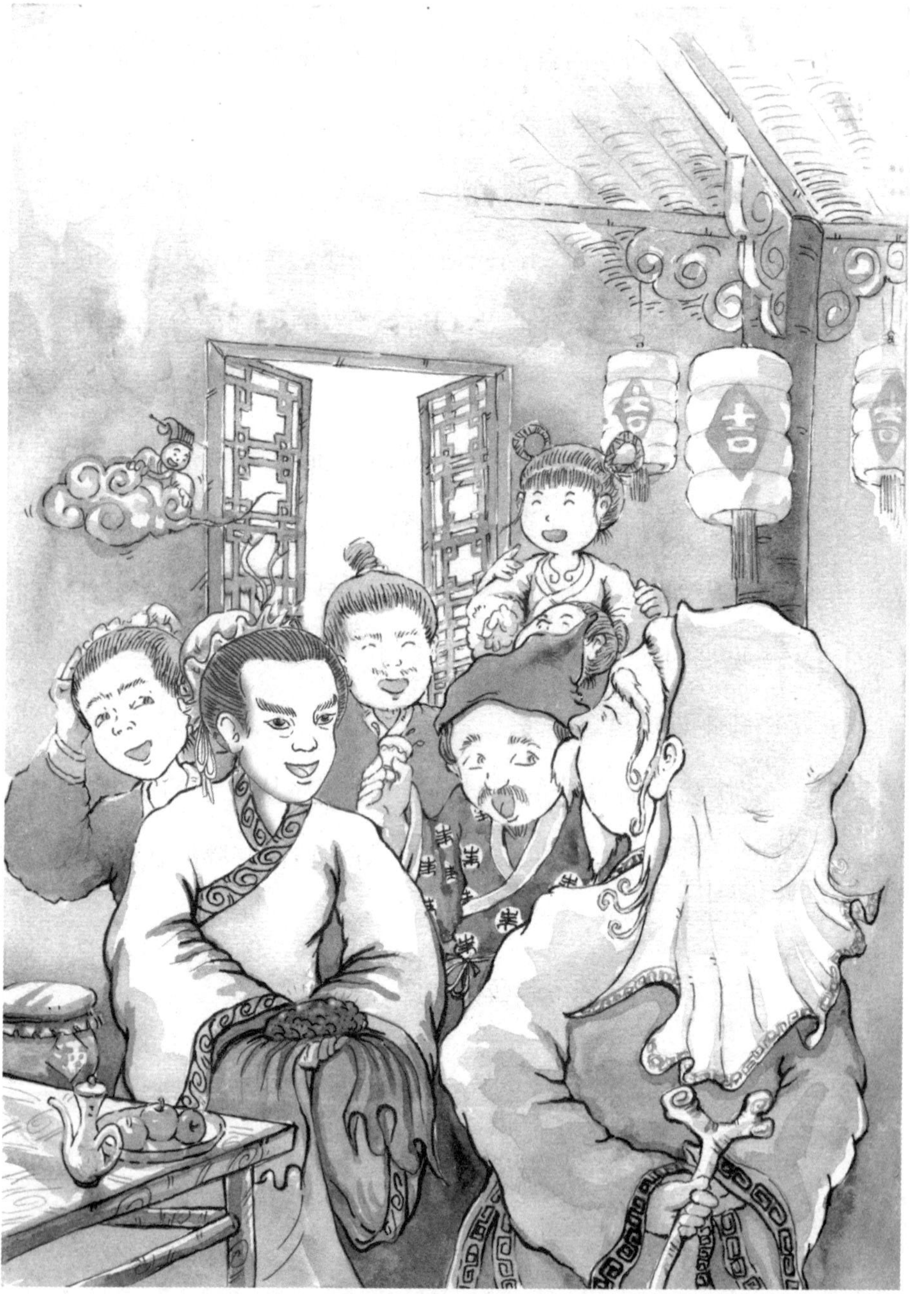

"太好了,太好了!明天一早,我要把这个好消息告诉所有的亲朋好友,满月那天再请大家来喝上几杯,好好庆祝一下!"苏序把婴儿还给苏洵,对着坐在床上的程夫人说:"媳妇,你好好休息吧,真是辛苦你了。"

话一说完,苏序便拿起酒壶边喝边走出房门,嘴里还大声地唱着:"苏轼,我的孙子叫苏轼哦!"

2. 父母启蒙

苏轼出生后，苏洵开始发愤读书，他没有忘记在儿子刚出生那晚对儿子的承诺。于是，他准备赴京考试，希望能求得功名，衣锦还乡。不幸的是，他却屡屡落榜，这样的挫折让他为年轻时的游手好闲，感到深深的懊悔。

由于多次落榜，苏洵充分体尝了落榜时的失意，也受尽众人的讥笑，所以他更加重视孩子们的教育，希望他的孩子不要重蹈覆辙。

在苏洵出发往京城赴考的前一天，他看着在院子里奔跑玩乐的六岁苏轼，终于忍不住对妻子程夫人说："我为了科举考试，以后可能常常不在家。苏轼是一个天资聪颖、领悟力很强的孩子，但是他现在一天到晚地玩乐，我却没有办法好好教导他，真怕他以后跟我年轻时一样，只知游手好闲，到了一大把年纪才来参加科举考试。"

"相公，你放心，你只要好好照顾自己，放心到京城去应试。轼儿我会负责教育他，你不用太过操心。明天开始，我就教他认字，你放心地进京赴考吧。"程夫人娴静安稳的个性，让苏洵放下心中的担忧。

"一切都要拜托你了，这个孩子很聪明，将来一定会有所成就的。"苏洵在临走之前还不忘交代妻子。

面对即将远行的丈夫，程夫人忍住眼泪，面带微笑地说："放心吧，你既然这么重视孩子的教育，我就不会让这个孩子的天分白白浪费掉。"

从那时候起，苏轼就在母亲的教导下开始认字读书。程夫人认为学问固然很重要，但是，如果只有好的学问，却没有好的人品，长大以后利用聪明才智作恶，或是欺负善良的老百姓，反而比没有学问更糟。所以，程夫人十分重视苏轼的品德教育，她希望她的孩子是一个忠诚善良、为正义直言、为民造福的好男儿。

有一天，程夫人和苏轼读到了《后汉书》里的一则故事。故事讲述有一位名叫范滂的年轻人，因为看到社会上贪赃枉法的事层出不穷，老百姓生活在恐惧与穷困之中,于是上书朝廷要求澄清吏治,没想到因此得罪宦官而被拘捕。

当官兵把范滂押出大门时,范滂流着泪对母亲说:"我这一去大概就不会回来了。无法供养母亲,是我最大的遗憾,母亲大人您还要因为我而受苦,我真是太不孝了。"

范滂的母亲摇摇头说:"你不要太自责,我的好孩子,你已经做了你该做的事,这样就够了,身为你的母亲,我以你为荣。"

看完这则故事,年幼的苏轼问母亲:"娘,如果我长大以后也跟范滂一样,可以吗?"

母亲微笑着对苏轼说:"傻孩子,如果你可以像范滂一样,我难道就不能像他的母亲一样吗?只要你觉得是正确的事,是为百姓造福的事,你就尽管去做吧。"

由于程夫人教苏轼读书时,常常赞扬一些有名节的人物,在苏轼小小的心灵里也留下高风亮节的表率,这样的思想,对他日后做人处事有很大的影响。

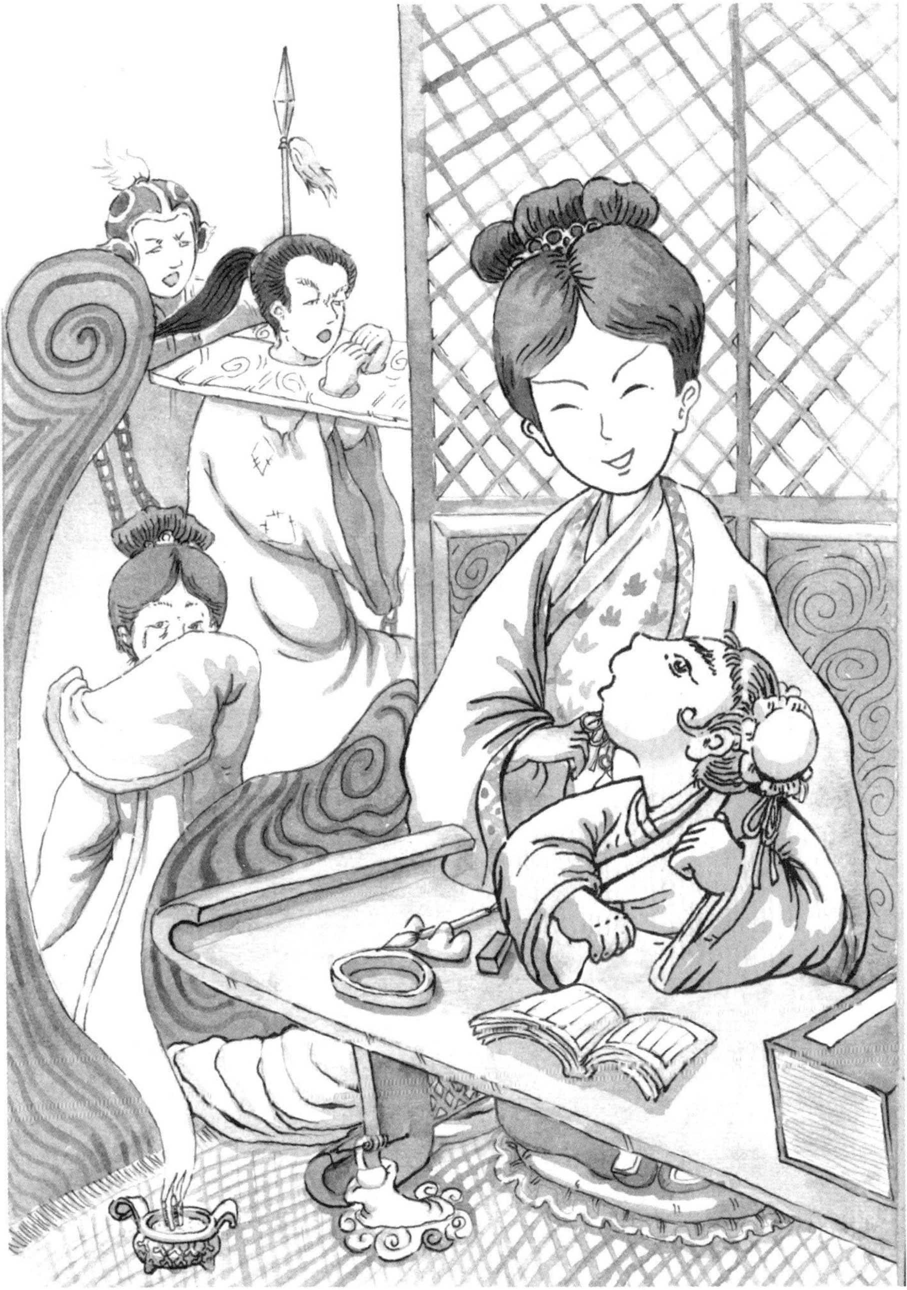

3. 才华初露

日子一天天过去，苏轼渐渐长大，母亲程夫人发现自己已经没有足够的能力教导苏轼。于是，她把苏轼送到寿昌院①去读书。

寿昌院的后面有一大片树林，林里住着一群嘈杂的鹭鸶，学堂里的学生常想到树林里去捣坏鸟巢、找鸟蛋，但是老师刘微之总是严禁学生做出伤害小动物的举动。

一天，苏轼趁着老师外出不在的空当，领着几个同学到树林里捣鸟巢、找鸟蛋。没想到，老师提前回来了，见到学生正做着他禁止他们做的事，气得说不出话来，拿起又长又粗的戒尺②想处罚这群调皮不听话的学生。年纪小一点的孩子，一见到老师这么生气，还没被打就已经吓得

---

① 寿昌院：是当时眉州有名的官办学堂。
② 戒尺：古时候老师体罚学生的板子。

哭了起来，不一会儿，大家哭成一团。这时，苏轼独自走向老师说："老师，今天去树林里捣坏鹭鸶的巢，是我出的主意，您要处罚，就处罚我一个人好了。"

刘微之一直很欣赏苏轼的才华，他听到苏轼这样说，先是愣了一下，接着忽然指着天上飞翔的鹭鸶对苏轼说："我这里有两句咏鹭鸶的诗句，如果你找得出毛病，我就不处罚你们。"

"老师请出题，学生愿意试试看。"苏轼说。

刘微之很想知道自己的得意门生，到底有多大的能耐，他一边捻着胡须，一边慢慢地吟出：

渔人忽惊起，

雪片逐风斜。

苏轼一听，不由得打从心底佩服老师。老师将白色的鹭鸶比喻成"雪片"，还将鹭鸶在空中飞舞的样子形容成"逐风斜"，这么贴切传神的诗句，他实在想不出可以修改的地方。可是，苏轼看看老师手中的戒尺，又看到在一旁哭泣的同学们，他实在不想害大家挨板子。

忽然间，他看到一只鹭鸶在空中盘旋一阵子之后，降落在池塘边的芦苇丛中，他的脑子里灵光一现，对着老师鞠躬说："老师，您的诗句写得既传神又贴切，学生实在没有办法修改。但是，最后一句'逐风斜'，表示那些鹭鸶还在空中飞舞，老师没有帮它们找到落脚的地方，感觉上没有归宿，所以诗也会显得没有结尾。"

"那你觉得该如何修改？"刘微之边听边点头地问。

"学生认为，如果能把最后一句改成'雪片落蒹葭'会更符合眼前的景色。"苏轼伸出小小的手，指着正准备降落在芦苇丛里的鹭鸶。

刘微之听了苏轼的话，再看看空中的鹭鸶，感慨地摸摸苏轼的头："你小小年纪，就有这样的见解，我真是快要当不了你的老师了，你长大后必定成就非凡。"从此，刘微之对苏轼更是倾囊相授。

苏轼的才华渐渐显露，住家附近百里，大家都知道苏家有一个才华洋溢的小孩。赞美他的言词越来越多，年纪还小的苏轼便迷失在众人的赞赏之中，显得越来越自大。

　　传说有一年的春天，苏轼到郊外去踏青，走着走着来到一条狭小的田埂上，忽然对面走来一位挑着泥土的村妇。苏轼非常自负，认为自己的才华很高，所以要村妇让他先过，于是，开口对村妇说："这田埂太过狭小，只能容一个人过，所以这位大婶你该让我先过。"苏轼的语气虽然客气，可是态度却十分傲慢。

　　那位大婶不客气地回答："为什么要我让你先过，你没看到我正挑着重担吗？你两手空空，就该让我先过。"

　　"这跟有没有拿东西没有关系，没有才华的人要让路给有才华的人，这是毋庸置疑的道理。"苏轼自以为是地说。

　　没想到，那位大婶居然说："好吧，你说你有才华，那我出一个对联的上联让你对，对得出来，就让你先过，你要是对不出来，就让我先过。"

　　苏轼心里想："一名村妇，居然敢找我苏轼对对联。"于是便一口答应了。

　　那位大婶二话不说，马上出了上联："一担重泥拦

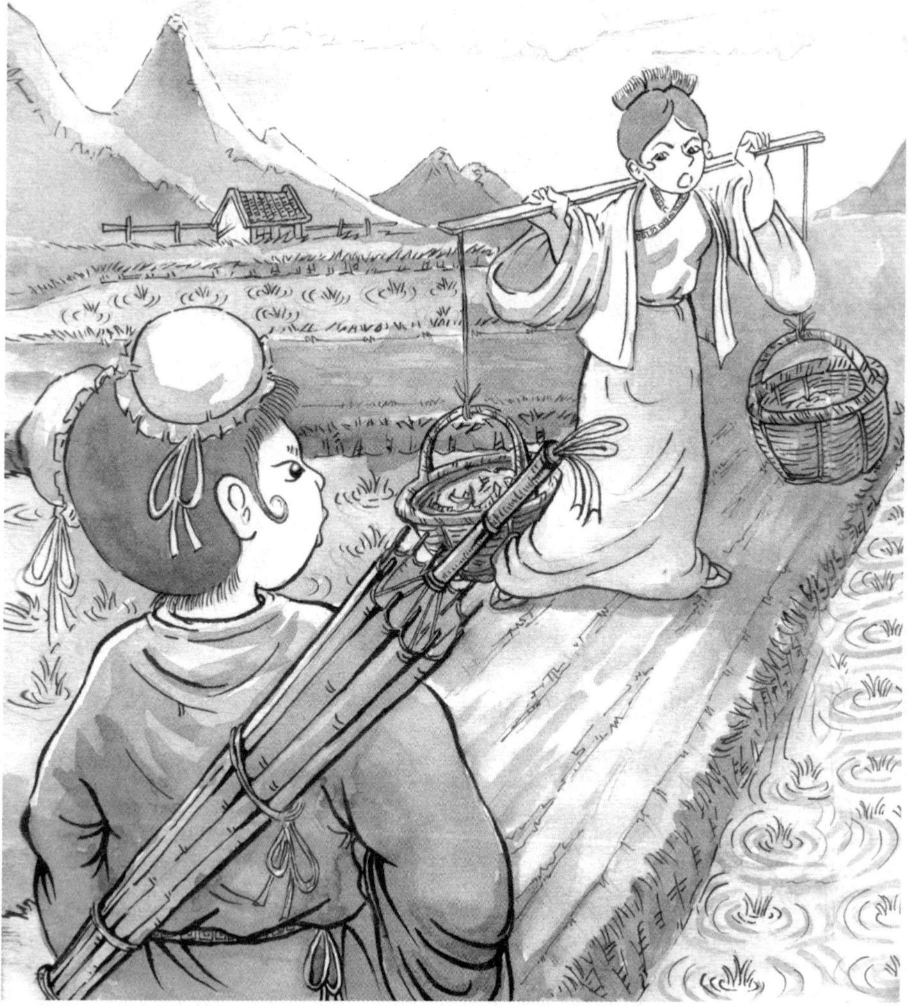

子路①。"

苏轼一听吓了一大跳,心里想:"这句对联字面上的意思,虽是说我们在田埂上的情形,然而却让我吃了大亏,因为'重泥'两字的发音跟'仲尼'②一样,而子路不就是仲尼的学生吗?这样一来,我不成了这位村妇的学生?"苏轼又气又急却怎么也想不出对句来,站在田里的农夫们看到苏轼的窘样,都放下手边的工作,哈哈大笑起来。

在他们的刺激下,苏轼脑海里忽然想出一个完美的下联:"两行夫子笑颜回③。"

大婶这时也听出苏轼果然是个有才华的年轻人,于是笑盈盈地对他说:"你不愧是位才子,对得真好,让你先过吧。"

可是,苏轼早就不在乎谁先过田埂了,他惊讶于一个

---

① 子路:是孔子的学生。仲由,字子路,又称季路。他的个性刚强好勇,比较冲动,是孔子学生中最直率的。
② 仲尼:是孔子的字。
③ 颜回:也是孔子的学生。颜回,字子渊。在所有弟子之中,最为孔子所看重;孔子寄望在他死后,颜回可以继其志业。

村妇居然也这么有学问。于是他让村妇先过田埂，之后还向村妇请教学问，村妇却笑说自己只是个村妇，然后就离开了。

苏轼因此受到了很大的启示："一个村妇的学问都这么高深莫测，我身为一个文人，能不好好认真用功吗？如果不认真求学，就太污辱读书人的名号了。"此后，苏轼便认真地读了许多书。

日子久了，他认为已没有他还没读过的书，没有他不认识的字。于是，他在家门口贴上对联：

上联：识遍天下字

下联：读尽人间书

横批：周游天下

正当他得意扬扬地看着自己的对联时，一位拄着竹杖、一身村民打扮的老翁走近，指着门上的对联问苏轼："这门上的对联是你写的吗？"

苏轼看他不是文人打扮，不太想搭理他，便敷衍地点点头，本以为老人家会好好地夸奖他，没想到，老人家却从怀里拿出一本书来："既然小相公无书不读，无字不识，老夫这里有一本书，想向小相公请教请教。"

苏轼不以为意地从老先生手中将书拿过来一翻，他发现这是一本收录许多古代文章的书籍，里面的文章他连看都没看过，更不可能解释出一番道理了。

苏轼不禁满脸通红，对自己的傲慢与不知天高地厚感到羞愧。他拉着老人家，想拜他为师，但是老先生却说什么也不肯。他说："我只是一个乡下的老头子，没有东西可以教你。"说完就自顾自地走了。

看着老人渐渐离去的背影，苏轼为自己傲慢的态度感到十分惭愧，他赶紧将门上的对联撕下来，改成：

上联：发愤识遍天下字

下联：立志读尽人间书

横批：身居陋室

从此以后，苏轼更加努力做学问，他总是勉励自己：

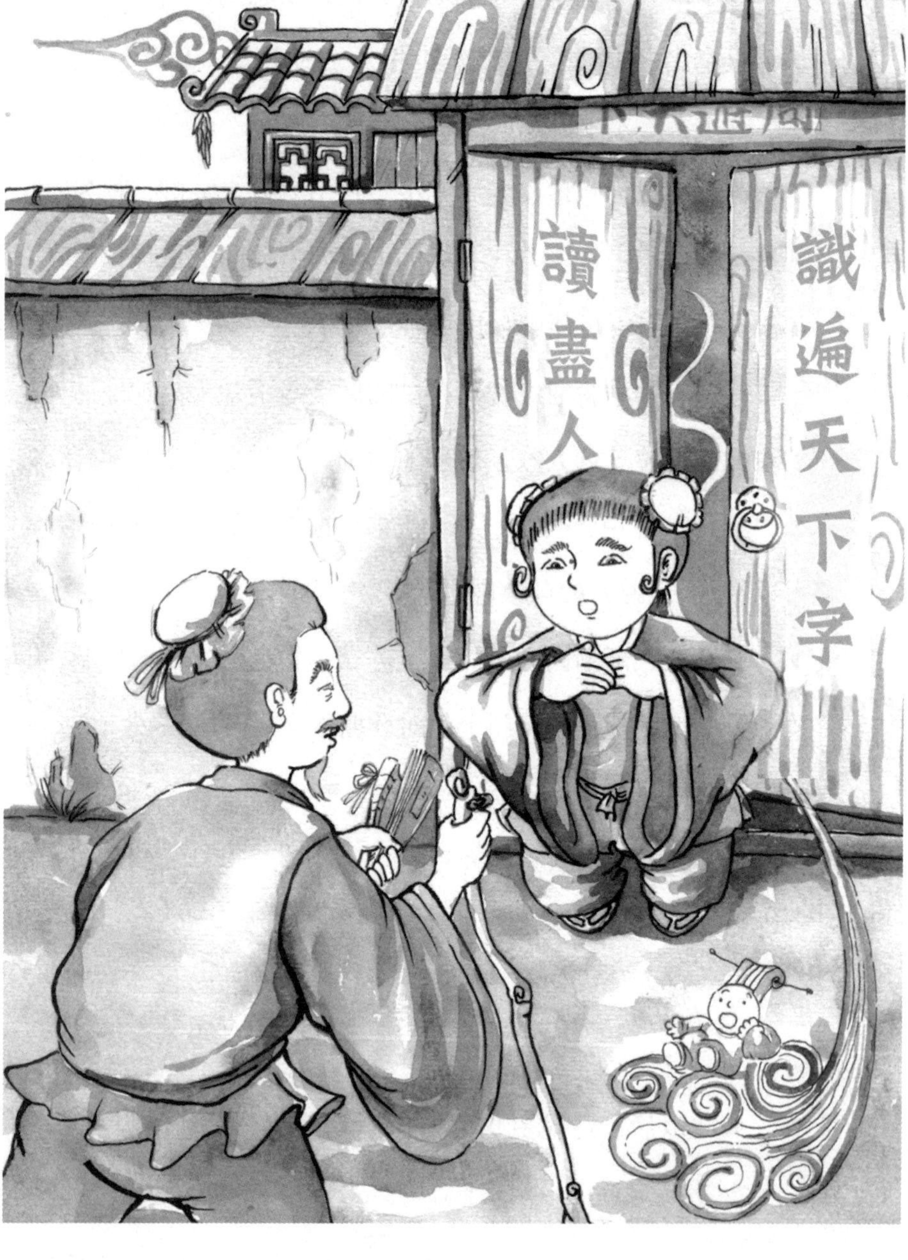
識遍天下字
讀盡人

"学无止境，学海无涯。"原本才华洋溢的他，再加上后天的努力，名气与文采更是一日千里。

苏轼认真做学问的态度，有时也会招来一些无聊人士的闲言闲语，认为苏轼只是做做样子罢了，所以常不怀好意地打听苏轼最近读了哪些书。

苏洵有一位朋友名叫张方平，是当时的大官，有一天他问苏轼："贤侄，你最近在读什么书啊？"

"我在重读《汉书》。"苏轼回答。

"重读？书有需要读第二遍的吗？像你这样天资聪颖的孩子，一定是过目不忘的，何须重读呢？"张方平语带轻蔑地笑了起来。

看到张方平这样的神情，苏轼也跟着笑了笑，然后对张方平说："叔父，书不仅需要重读一遍，有的书更需要多次重读。我现在是在背《汉书》中以三个字为题目的篇章内容，我已经背熟了所有以一个字为篇名和以两个字为篇名的篇章，现在只要你说出这些篇名，我就能将内文一字不漏地默写出来。"

张方平半信半疑地当场出题考苏轼，没想到苏轼真的一字不漏地将那篇文章默写出来，从此再也没有人问他为什么需要不停地读书了。而张方平更是对苏轼有说不出的欣赏，日后他对苏轼非常照顾，两个人感情越发深厚。

4. 父子同心

　　转眼苏轼已经十八岁了,他看到父亲一次次参加科举考试却回回落榜,心里暗暗地为父亲感到不平。他知道父亲是一个很有学问的人,只是他不愿意在考试的时候,用一些华丽的辞藻来博取考官的好感,他的文字朴实无华,可是内容却十分扎实。

　　这天,苏轼满怀心事地走进弟弟苏辙的房间。苏辙和苏轼的感情一向很好,他看到哥哥皱着眉,便关心地问:"大哥,怎么了?看你一脸愁容,一点也不像你平常乐观开朗的样子,有什么烦恼吗?"

　　"唉……父亲今年又落榜了,每次看到父亲失意的样子,总是替他感到不平。我已经十八岁了,想要替他分担一些忧虑。"苏轼看着最懂自己的弟弟,说出了心中的期盼。

"那你想要怎么做?"苏辙其实早就猜到哥哥的心思。

"我……我想下次……跟父亲一起进京参加科举考试。我想我应该可以有好的成绩,我一定不让亲戚再瞧不起咱们家。"苏轼说话时,眼中闪着光芒。但光芒一瞬间却消失了:"但是……但是,我怕……"

苏轼的话还没说完,苏辙接下去说:"我知道,大哥你怕如果你考上科举,而父亲却又落榜,这样对父亲会是一大打击,也怕父亲会觉得面子挂不住,对不对?"

苏轼点点头,心想:弟弟果然了解我。

"你呢?你应该也想参加科举考试吧?难道你没有这样的顾虑吗?父亲的才识和学问都很好,只是考运差了点。"苏轼看着弟弟问。

"我当然也想参加考试,可是,正如大哥你说的,要是我们跟父亲一起赴试,三个人都考上当然最好,可是,如果我们其中一人考上,而父亲……"苏辙也皱起眉头不知该怎么办才好。

这时,母亲程夫人走进苏辙的房间。苏轼和苏辙两兄弟都吓了一跳,生怕刚刚的谈话被母亲听见了,母亲会以为他们瞧不起父亲。

"娘,您什么时候到的?我们没听见您来了。"苏轼赶紧站了起来,让母亲坐下。

"你们没听到我来没关系,我倒是听见你们兄弟的对话。"苏轼两兄弟一听,面红耳赤的不知道该怎么解释才好。

"其实,你们两兄弟不必这么担心。我想你们父亲若是知道你们想去参加科举考试,他一定会很高兴的。我愿意帮你们去跟他说。"程夫人笑盈盈地看着这两个儿子,"不过,有件事你们要先答应我,否则我是不会让你们到京城去应考的。"程夫人语气坚定地说。

"是什么事,请娘直说。"苏轼听到母亲愿意帮他们去跟父亲请命,高兴得几乎快跳起来了。

"我希望你们兄弟俩,在进京考试前,先娶媳妇,等结完婚,再赴京赶考。"程夫人充满期待地看着苏轼和苏辙。

"娘,不知有哪一家的小姐愿意嫁给我?"苏轼问。

"这你不用担心,江畔十五里以南的青神,有一户王姓人家,他有个女儿叫王弗,快十五岁了,我和你爹都蛮中意这个女孩。"程夫人满眼笑意地看着儿子说。

"一切都由爹娘做主。"苏轼对结婚没有太大的幻想，但是一想到能随着父亲进京，不由自主地兴奋起来。

程夫人满意地走出房门："我这就去跟你爹商量。"

"娘，等等，我也想跟大哥一起进京，您连我的婚事也一并办了吧。"苏辙追出房门。

"真的？"程夫人听到小儿子的要求，虽然觉得苏辙的年纪还太小，但是也没多说什么，拍拍苏辙的头说："我跟你爹商量去。"

苏洵听妻子说两个儿子都想跟随他进京参加科举，心里亦喜亦忧。喜的是，两个儿子都才能出众且胸怀壮志，如今已经长大，想参加科举为国家奉献一己的才能；忧的是，如果儿子们都高中进士，而身为父亲的他依旧名落孙山，这样一来不知道该如何自处才好。

他索性决定放弃科举考试，改用另一途径求取官位①。于是苏洵决定将自己对治国的建议与想法，写成一

---

① 当时除了参加科举考试之外，还有另一种方式可以在朝为官。经由某位大官特别推荐给朝廷，如果得到朝廷的重视，就可以不经过科举考试而得到一官半职。

本书，上呈给朝廷，或许在上位者看到他的著作会欣赏他的才华，让他借此谋得一官半职，如此一来就没有跟儿子争名利的顾忌了。

  一旦打定主意，苏洵便开始着手写书，他非常认真地写了一本巨著，内容包含了政治、战争、和平的原则，非常具有深度与创见。就这样，苏轼在他十八岁的那年，娶了王弗为妻子。而苏辙也在隔年，满十六岁的时候，娶了一位小他两岁的新娘。苏洵在两个儿子的婚事都办妥之后，便带着所写的著作和苏轼、苏辙两兄弟往京城出发。

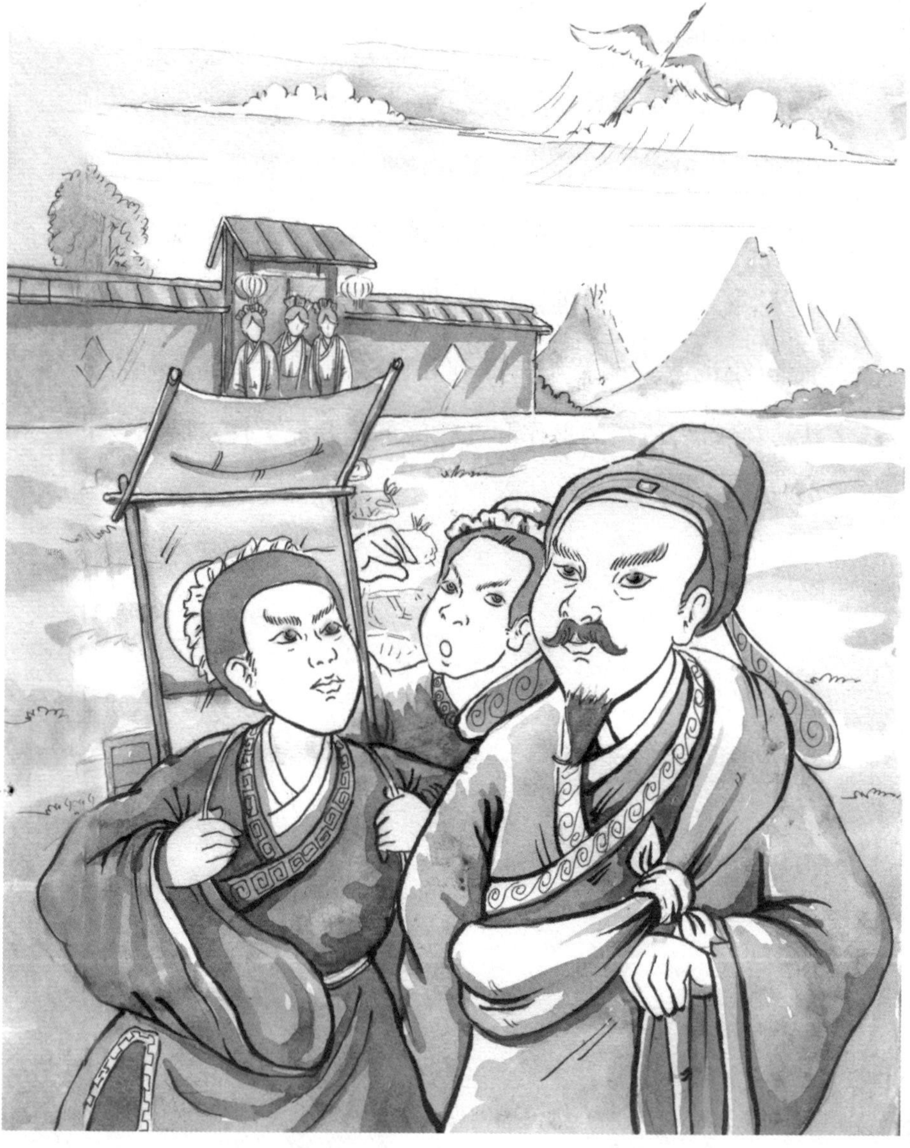

5. 一举中的

苏洵父子三人到达京城时，刚进入夏天，科举要等到秋天才举办，他们只得先借住在一间寺庙里，等待科举考期的到来。苏洵趁着这段时间，拜访他的好朋友张方平。

张方平当时已经是朝廷中的大官了，苏洵将自己的著作呈给张方平，张方平非常欣赏苏洵的才能，他想指派苏洵到成都的州学担任相当于现在的教授一职。可是，苏洵却不愿只当个教书的教授，他想要将自己的才能发挥在造福百姓方面。张方平只好为他写了一封介绍信，给当时最受文人敬爱的学者欧阳修。

欧阳修看了苏洵的著作后，对他的才识颇有好感，所以欧阳修为苏洵写了不少介绍信给当时的大官，也引介苏洵到枢密使[①]韩琦家做客。

[①] 枢密使：是统帅全国军队的官员。

可惜当苏洵被引见给大官时，不知道是过于紧张，还是对自己的才华太过自信，总是表现得十分自负，对大官们的接见也显得非常冷淡，导致没有一个大官对他有好印象，所以他的做官之途很不顺利。

在这段等待的时间里，苏轼和苏辙两兄弟，第一次远离家门，来到京城这个繁花似锦的城市，年轻的心雀跃不已。他们常常结伴在京城四处闲逛，欣赏京城的风景与文人绅士的风华，心中的豪气壮志一天比一天高涨。他们彼此鼓励，希望能在科举时有好的表现，更希望能大展宏愿，为苍生百姓服务。

考试的时间终于到了，当时最受文人爱戴的欧阳修被皇帝任命为主考官。欧阳修在众多的考卷中，发现其中一篇文章不管是阐述的内容或是文辞的运用都接近完美，文中更谈到国家行政要以"求简求宽"为原则。欧阳修拿那篇文章给其他的考官们看，大家也对这篇文章赞赏不已。

欧阳修心想："这么好的文采与精辟见解，一定是我的好友曾巩所写的，我如果给他第一名，大家一定会认为我欧阳修偏私，为了避嫌，只好让曾巩得第二名了。"

于是，欧阳修把原本可以得到第一名的这位考生，改为第二名，而让原本第二名的考生成为第一名。

当科举榜单公布时，有人特意来向欧阳修贺喜："恭喜大师，您的好友，果真文采不凡，得到第一名。"

欧阳修听了贺喜者的话，不禁大吃一惊，心想："难道那篇好文章不是曾巩写的？那到底是哪位才子，这么有才华？"

"那……第二名是谁？"欧阳修急着想知道，这位因为他一时误判而错失榜首的人是谁。

"是一个二十一岁的年轻人，名叫苏轼。"

"苏轼，苏轼，你真是让老夫大开眼界了。而老夫却让你错失了你该有的荣耀，我真是对不起你。"欧阳修在心里既赞叹又后悔。

那次考试，苏轼、苏辙两兄弟都以高分入选，尤其苏轼，一跃成为全国知名的文人。欧阳修对苏轼的文章更是赞赏有加，常常在公开场合称赞苏轼。

有一次，欧阳修对自己的同事说："每次读到苏轼的新作，我总会全身兴奋地冒汗，快乐一整天，不能自已。"

他对自己的儿子说："苏轼这个人的文采不是我所能及的，往后的三十年间，不会再有人提及我欧阳修的名号了，因为人们只会顾着谈论苏轼。真是后浪推前浪，我想我是不是该退隐了，因为苏轼的时代要来临了。"

欧阳修是当时举国上下最受人敬重的学者，当时的文人都有这样的想法：一个文人，可以不怕受到刑罚，可以不爱晋升官位，也可以不贪生怕死，却没有人不在乎欧阳修对他的文章的评论。由此可见，在当时，欧阳修对读书人的影响有多大，他这样公开地称赞苏轼，让苏轼在短短的时间内天下闻名。

6. 兄弟情深

　　就在苏轼两兄弟正准备为朝廷效力的时候，家乡却传来不幸的消息，他们的母亲程夫人去世了。在当时，这是一件很重大的事，即使是当宰相的人，也必须马上辞官，回家守丧二十七个月。

　　得到消息后，父子三人匆匆忙忙地赶回家乡。苏轼兄弟强忍着悲伤，为母亲办理丧事。苏洵则为妻子找了一块墓地，墓地是在一处名为"老翁泉"的泉水旁，苏洵将妻子埋葬后，对苏轼两兄弟说："等我过世，就将我跟你们的母亲葬在同一个墓穴里吧。"①

　　二十七个月的日夜，静静地在哀伤肃穆中流逝。之后，苏轼父子三人决定离开眉州，举家迁往京城居住。于是，他们带着家眷，从水路顺着长江而下。预计十月出

---

① 所以后来苏洵将自己的号取名为"老泉"，就是以这个地方而得名的。

发，隔年二月到达京城。由于不急着赶路，所以他们一面欣赏沿途的山光水色，一面吟诗作乐。隔年二月他们如期到达京城，展开全新的生活。

　　苏洵到京城后，被任命为校书郎①，后来又在官厅主编皇帝的生活史；苏轼被任命为大理评事、签书凤翔府判官②；苏辙则被任命为商州军事推官③，这样的安排让兄弟两人很伤脑筋，因为父亲校书郎的职务是在京城里工作，而两兄弟则必须远赴他乡上任，他们实在不愿意将父亲一个人留在京城。

　　"我们兄弟俩被安排的职务都必须离开京城，而父亲的职务却是在京城里，我们不能各走各的，把父亲一个人留在京城里，真是让人左右为难。"苏轼顾虑渐渐年迈的父亲，他需要有人在身边照顾。

　　"大哥，你放心，就让我留在京城里照顾父亲。商州那个官职我会拒绝的，我想朝廷应该可以理解我们的孝

---

① 校书郎：在朝廷里掌管校勘书籍、订正讹误的职务。
② 判官：地方的副首长，就像现在的副市长一样。
③ 军事推官：总管军事上各种事务的官职。

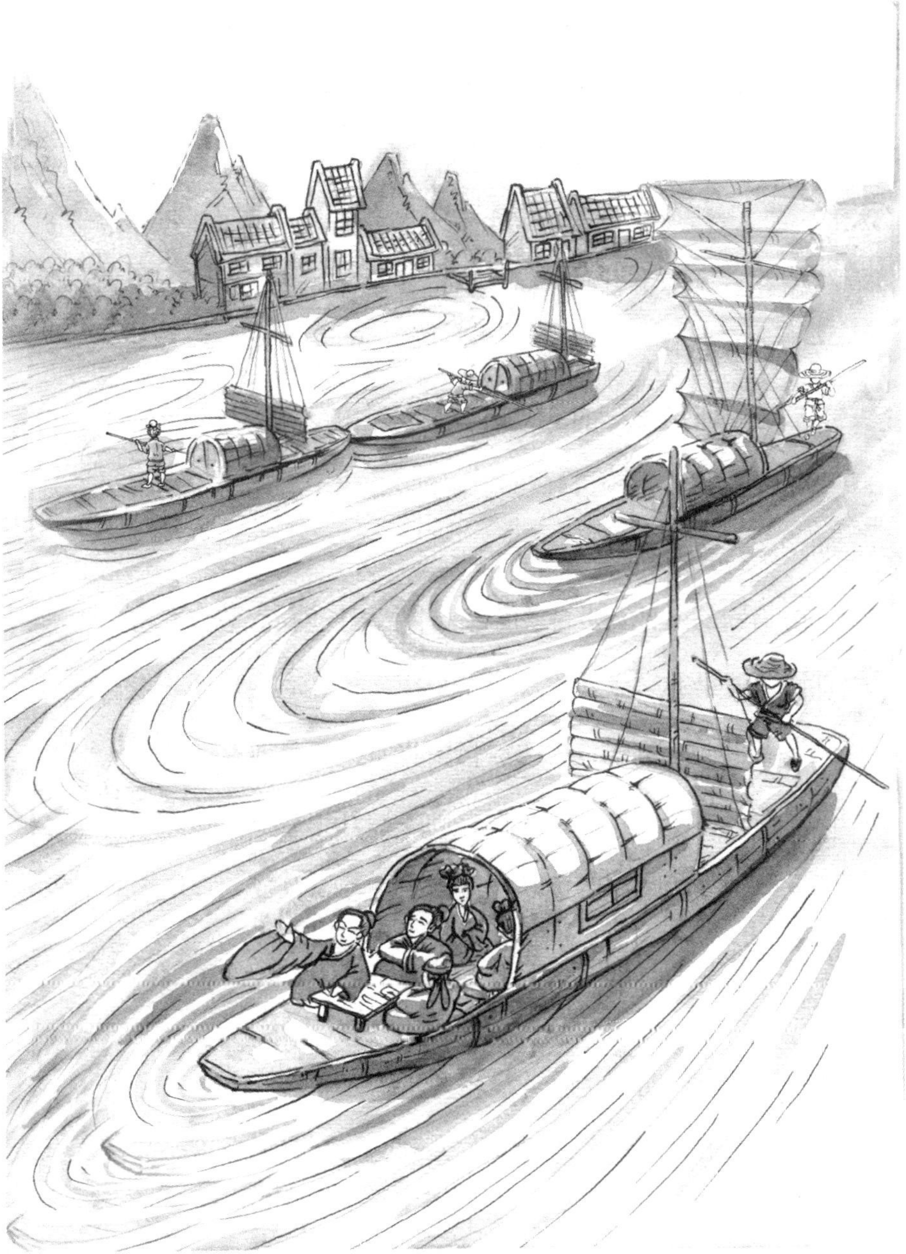

心。"苏辙好像早已打定主意,心平气和地说。

"可是,这样对你不公平。我想还是你去吧,我留下来照顾父亲。"苏轼拍拍弟弟的肩膀。

"大哥,你年长,而且才气比我高,名声也比我大。你留在京城不去就职,岂不是浪费了你的大好前程,你就放心去凤翔吧,父亲就交给我照顾。"

苏轼听了弟弟的一番话,感到无限的感谢与亏欠。于是,他怀着不舍收拾好行李,便带着妻子和刚出生没多久的孩子,到凤翔上任。

临别前,他和苏辙约定好,每个月通一次信,互寄一首诗。这是苏轼第一次和弟弟分离,他在心中默许,以后无论富贵或是贫贱,兄弟的情谊将永远不会改变。从两人往来的书信中可以看出,他们确实做到了这点。那些书信中,两人互相唱和的诗句也流露出了苏轼豪放、淡泊名利的个性。

苏轼当凤翔通判时一心为民,许多人称他为"苏贤良"。那时候,他的上司陈太守,是一位严以律己、一板一眼的人。有一次,陈太守听见身旁的人称苏轼为"苏贤良"，居然用棒子把那个人打出了太守府。他气愤地对那人说："苏轼不过是一个毛头小子，哪有什么贤良不贤良的，你们这些人实在是太会逢迎拍马了。"

不仅如此，陈太守还常常要苏轼拟官文草稿，但是每当苏轼写完，陈太守又喜欢将苏轼写的文章作大幅度的修改，陈太守这样的举动让苏轼觉得没有受到应有的尊重，为此苏轼曾多次登门拜访陈太守，而陈太守却总是避而不见，或故意让苏轼等很久才见他，他们两人为此相处得很不愉快。但是，这位陈太守的官誉却很好，因为他总是不畏强权，以老百姓的福祉为优先考量。

不久，陈太守在官舍内建了一座平台，想利用闲暇之余登高眺远，欣赏四周的田野风光。他请苏轼为这座平台写一篇文章，要将文章刻在石碑上，立在平台中。苏轼刚接到这个命令时，一开始还有点不情愿，但他一转念，觉得这是一个好机会，可以跟陈太守开开玩笑，又可以趁机挫挫太守的锐气。

于是，苏轼写了一篇《凌虚台记》呈给陈太守。他在文章中暗指陈太守眼界狭小，根本从来没见过城外的山丘。他原本以为陈太守会暴跳如雷，没想到陈太守看完之后，居然吩咐下人找来工匠，将文章刻在石碑上，一个字也没有修改。苏轼离开凤翔之后，渐渐发现陈太守其实并不是一个坏人，他很懊恼自己写了那篇讽刺陈太守的文章。当陈太守去世的时候，苏轼专门为他书写墓志铭①，表达心中的敬意。而陈太守的儿子陈慥，后来也成为苏轼终身的好朋友。

苏轼在凤翔当判官三年后，被调回京城等待新的职务。那时仁宗已崩，新皇帝英宗已久闻苏轼的大名，想要破格任命他为翰林大学士，负责替皇帝起草诏文的文书工作，但是宰相韩琦反对，他认为苏轼的年纪还太轻，应该慢慢磨炼，不要太早给他过高的官位。所以，苏轼被派到史馆任职。由于史馆里的官吏会轮流去皇帝的图书馆工作，有机会看到皇室收藏的珍本、手稿和名画，所以苏轼很喜欢自己的这份新工作。

---

① 墓志铭：写在墓碑上称颂死者的文章。

7. 智退辽使

苏轼在新职务上，渐渐感到如鱼得水，生活方面也满足惬意。可是，造化弄人，好景不长，几个月后，苏轼的妻子王弗死了，留下一个六岁的孩子。没过多久，父亲苏洵也跟着过世。苏轼和苏辙两兄弟马上辞去官位，带着父亲苏洵和王弗的遗体回到故乡眉州。苏轼将父亲与母亲合葬，并把妻子安葬在父母亲的墓旁。兄弟二人依旧在故乡眉州，为父亲守丧二十七个月。

虽然苏轼很少在诗文中提及妻子王弗的种种，但是他跟王弗的感情却是很深厚的，王弗年仅二十七岁就去世，她在苏轼的心中永远留着年轻时的模样。苏轼也一直记得王弗十六岁嫁给他之后，常常跟在他身边陪他读书的情景。然而当他功成名就时，王弗却去世了。苏轼对王弗的思念与日俱增，常在王弗的墓前跟她说话，告诉王弗他对

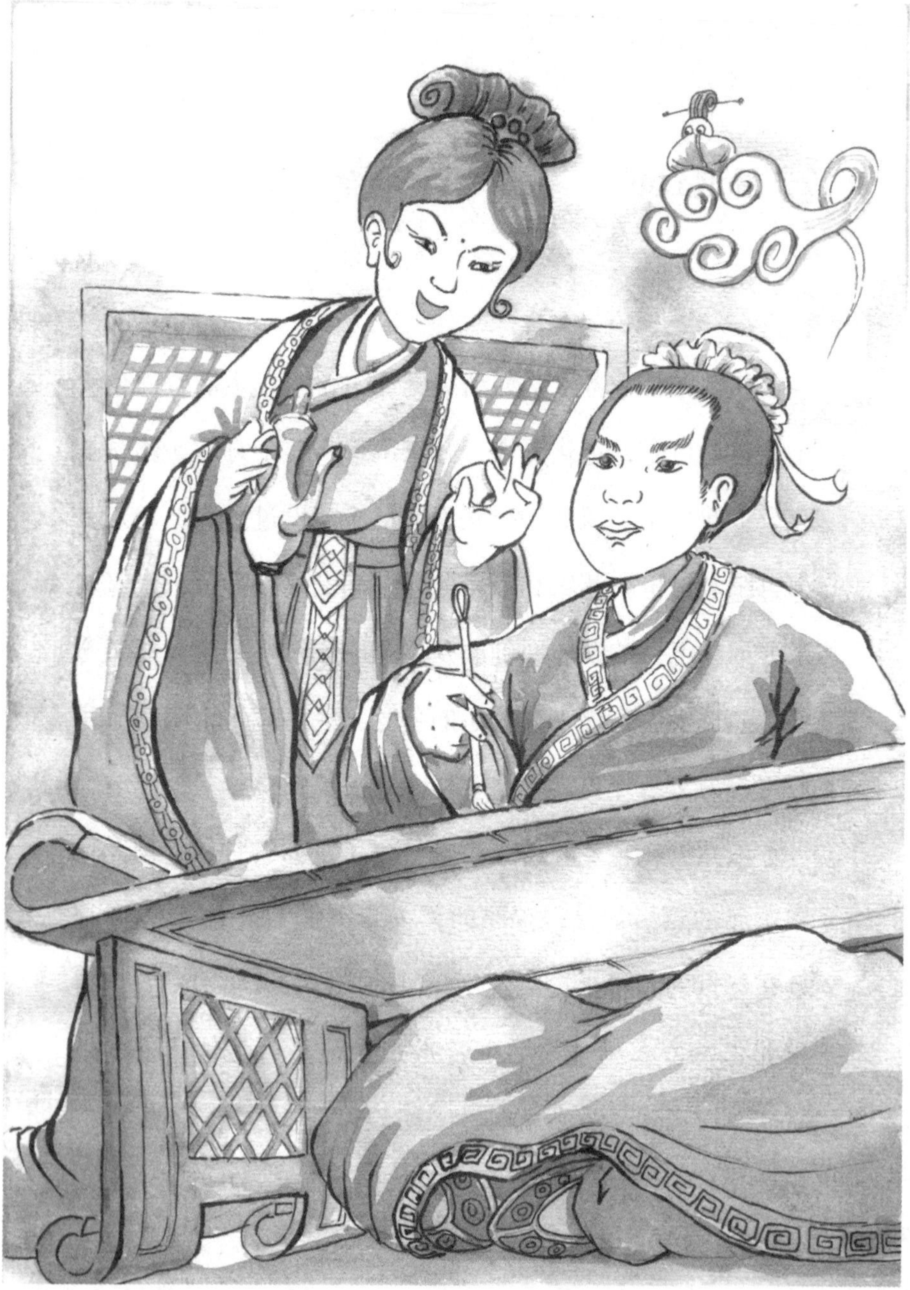

她的思念，就好像王弗还在世一般。

在父亲的丧期结束后，苏轼娶了王弗的堂妹王润之为妻，然后和弟弟一家人再度前往京城。临行前，苏轼请邻居帮忙照管父母及妻子的墓地。但是他没料到自己这一离去，就再也没有机会回故乡祭奠父母和妻子，因为他到了京城后，便卷进政治风暴当中，开始了四处任职为官的生涯。

苏轼、苏辙两兄弟第三度到达京城时，赏识苏轼的英宗已经去世，那时是神宗在位的熙宁二年（1069年），苏轼继续任职于史馆。

神宗虽然知道苏轼是个有才华的人，但毕竟没有实际的接触，所以一开始并没有很重视他。苏轼倒也无所谓，每天可以在史馆中饱读先贤的诗书，他对这样的工作与生活感到非常满意。不久之后，朝廷发生了一件大事，让神宗对苏轼大为赞扬，也因此改变了他的政治命运。

那时的宋朝北方，有一个个性强悍的民族——契丹，他们建立了一个国家，国号为辽。辽国常常派兵侵犯宋朝，而辽国的军队十分剽悍善战，宋朝在战事上常常吃败仗。为了息事，宋朝总是想尽办法去讨好辽国。但是辽国却越来越瞧不起宋朝，他们认为自己不仅在军事上能赢宋朝，就连文化也比宋朝要强出许多。

一天，辽国的一位使臣来到宋朝，在大殿之上公然挑衅，想打压宋朝。这位使臣对神宗皇帝说："我们辽国有一副对联，现在让你们来对对看，要是你们对不出来，你们宋朝要世世代代称臣于辽。"

神宗接过对联一看，只见上半联写着："三光日月星。"神宗把对联拿给朝中的文武百官看，希望有人可以对出下联。

可是，时间一分一秒地过去了，却没有一个人可以对出下联来。看到这种情况，神宗皇帝又急又气，站在一旁的辽国使臣却冷笑着对神宗说："我听说中原的文化博大精深，原来也只是浪得虚名罢了，我看你们还是乖乖地称臣于我们吧。"

神宗皇帝又急又气，眼看满朝的文武百官居然没有人可以对出下联，这要宋朝的颜面往哪里搁呢？此时一个文官突然灵光一现，悄悄递给侍从一张小纸条，侍从急忙交给神宗皇帝。神宗皇帝一看不禁大喜，赶紧下旨把正在史馆里的苏轼请到金銮殿①来。

不一会儿，苏轼急急忙忙来到金銮殿上，神宗把那副对联递给他说："朕命令你对出下联，以扬我大宋的国威。"

苏轼把对联打开一看，想了几秒钟，便潇洒自在地大声念出下联："四诗风雅颂②"。

在场的文武百官一听，无不拍手叫好，大家都认为苏轼对的下联真是太巧妙了。神宗皇帝更是笑逐颜开，他对辽国的使者说："回去告诉你们的国王，我大宋文化博大精深，岂是外邦所能比拟的。"

辽国使者的脸色一阵白一阵红，他瞪大了眼，不服气地看着苏轼，挑衅地说："慢着，我还有几副对联要请你对一对。"

苏轼气定神闲地对辽国使者一笑："请出题吧。"

---

① 金銮殿：皇帝接见文武百官的地方。
② 风雅颂：《诗经》中的三个类别，其中"雅"又分为"大雅""小雅"，所以合起来刚好有四类，因此称为"四诗"。

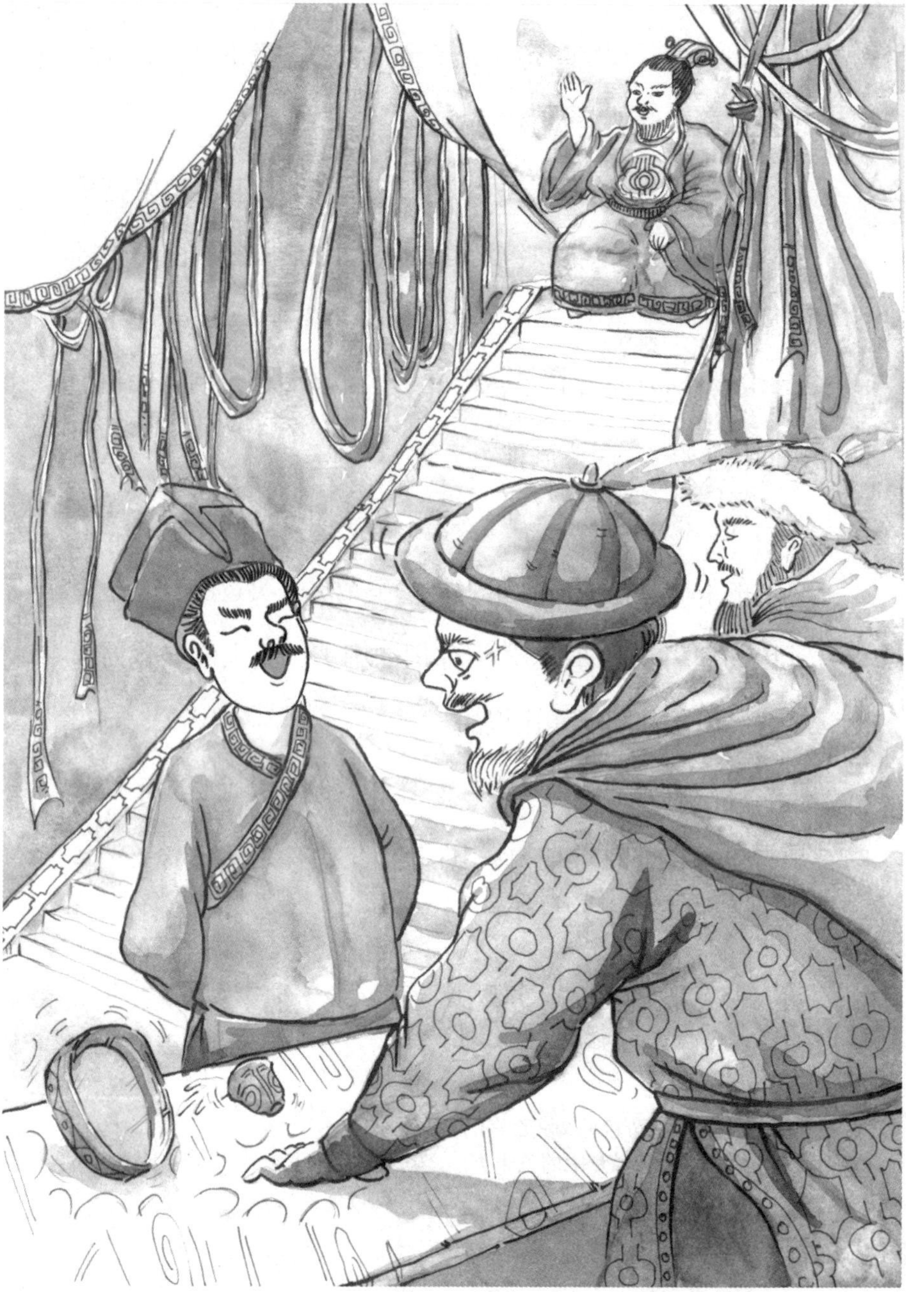

辽国使者信心十足地说:"好,我出的上联是'炭黑火红灰似雪'。"

苏轼几乎不用思考,脱口而出:"我的下联是'谷黄米白饭如霜'。"

辽国使者的脸色越来越差,他急着出下一个对联:"我来的时候,经过一座湖,湖边有棵李子树,树上的李子掉下来打到湖里的鲤鱼。因此,我的上联是:'李打鲤,鲤沉底,李沉鲤浮'。"

苏轼笑了笑说:"刚才我要到金銮殿上时,一出门,看见一群蜜蜂,那时刚巧吹起一阵风,强风把蜜蜂吹落在地上。所以我对的下联是:'风吹蜂,蜂扑地,风息蜂飞'。"

在场文武百官的叫好声响彻整个金銮殿,就连神宗皇帝也对苏轼的文采留下了深刻的印象。

辽国使者一时说不出话来,显得有些慌乱,他万万没想到,自己精心设计的对联一下子就被眼前这个年轻人对上了。这时,苏轼走到辽国使者身边对使者说:"对对联这种玩意,在我们宋朝连三岁孩童都会,我们还是别对对联了吧。我这里有一首诗,诗名叫作'晚眺',不知使者大人可否读出我所写的诗句?"

说完,苏轼便在纸上写着:

辽国的使者一看,呆住了,他哪看得出这几个歪七扭八的字到底在写什么,更不用说能念出诗句了。苏轼看到他一脸茫然的模样,笑着说:"还是让我来念给你听吧,'长亭短景无人画,老大横拖瘦竹筇,回首断云斜日暮,曲江倒蘸侧山峰。'"

辽国使者听完苏轼的诗句,对苏轼的文采心服口服,甘拜下风。他回到辽国之后,将这些事迹告诉了辽王,从此,辽国的人都知道,在宋朝有一个学问很了不起的苏轼，他们再也不敢在文化上轻视宋朝了。

经过这次的事件，神宗皇帝对苏轼的文才大加肯定，他常常问身边的人："苏轼最近有没有新的作品问世？"

因为神宗常常公开赞扬苏轼，让苏轼的名声大噪，然而也让一些小人把苏轼当作眼中钉。一切祸福皆因诗文所起，这大概是苏轼当初未能料想到的。

8. 为民喉舌

神宗即位后不久,京城便笼罩在政治风暴里,当时神宗重用王安石,采用王安石改革财政的政策。朝廷里的许多元老、大臣都极力反对王安石的新政。他们认为王安石的新法,是与民争利,处处跟老百姓计较,瘦了百姓的荷包,来充实朝廷的收入,这样一定会引起民怨,也会让辛勤的百姓过着更加辛苦的生活。

然而,王安石是一个非常有决心的人,他想借改革让宋朝成为一个强大的国家。虽然他的原意很好,但是他采用了激进的手段,不考虑人民生活的快乐、安详,一心一意只想让国家富强有力,想要疆土像汉朝或唐朝时那么广大辽阔。

同时,他也是个固执的人,听不进任何劝诫的话,只要有人跟他的想法有所出入,他就立刻将这个人免职,并将对方驱离朝廷，无论这个人是否是他的朋友。就因为这样的个性，没有人敢跟他说实话，因为跟他说实话的人都被赶走了。于是，一群唯利是图、逢迎拍马的小人便得以在王安石的身边志得意满。

早在仁宗时期，苏洵就不太喜欢王安石这个人，那时他还写了一篇《辨奸论》，表明自己的立场。当时的仁宗皇帝对王安石也不太重用。可是，神宗还是太子时，他的老师韩琦①就非常崇拜王安石，常常在神宗的面前夸奖王安石。所以神宗一当上皇帝，就决定重用王安石。

苏轼最受不了王安石对学问唯我独尊的态度。王安石的学识素养固然是不错，但不是最好的，他的《周礼新义》②也不足以取代先前郑玄、马融等人对古经典的注解。可是，王安石却认为他自己是经书唯一的评注者，他将这本书定为科举考试的标准答案，只要应考者的答案

---

① 韩琦：神宗的老师，也是王安石的好朋友。但是当王安石开始推行新政后，因王安石不愿听从大家的建言，所以韩琦也离开王安石，成为反对派阵营里的一员。
② 《周礼新义》：又叫《周官新义》，是王安石对《周礼》这部儒家经典的重新注释。

稍微和《周礼新义》有所出入，便注定要名落孙山。这样自傲自大的做学问方式，让苏轼很不以为然，所以苏轼常常拿王安石的《字说》①里的论述，来开王安石的玩笑。

一天，苏轼遇见王安石，忍不住笑着对王安石说："我看到了你将'波'字解释为'水之皮'，我念书这么久，第一次知道原来波是水的皮啊，看了你的《字说》一书，真是增长许多见识。"

"哪里哪里，你过奖了。"王安石听见当朝最受重视的才子夸奖自己的著作，喜上眉梢。

没想到苏轼接着说："这样说来，'滑'这个字既有水又有骨，那不就是水的骨头啰？原来水有皮也有骨啊！"

王安石这才听出苏轼是在取笑他，气得脸一阵青一阵白，拂袖而去。

对于王安石推行的新法，苏轼也不赞同。苏轼看到老百姓因为新法的施行，不仅没有好日子过，反倒是饥寒交

---

① 《字说》：王安石用来解释字的由来及意义的书，其中的误谬或以字形表象解释者甚多。

迫,更加困苦,他的心里十分难过。

一天,苏轼心情非常烦闷,于是,邀弟弟一块出去散心,刚登上一座高楼,苏轼不禁叹起气来:"唉,这样的新政弄得民不聊生,有何意义?"

苏辙看看高楼上的其他游客,赶紧把手指放在嘴上,示意苏轼不要在公开场合批评新政。看到弟弟这样的举动,苏轼不禁又苦笑了起来。等他们来到没有人的地方,苏轼忍不住说:"新政害苦了老百姓!连说句真心话,都要东躲西闪。"

"大哥,你要看地方、看人说话,这样才不会给自己添麻烦。"苏辙太了解自己的哥哥,眼中尽是对哥哥的担忧。

苏轼看到弟弟担忧的样子,反而开怀地笑了:"哈哈,真不好意思,我身为兄长居然要你为我担忧。可是,我这个口无遮拦的个性,实在改不过来。只要我觉得一件事不对,就好像在饭菜里吃到一只苍蝇似的,非要吐出来不可。"

"我了解,但还是少说为妙。"苏辙依旧劝着。

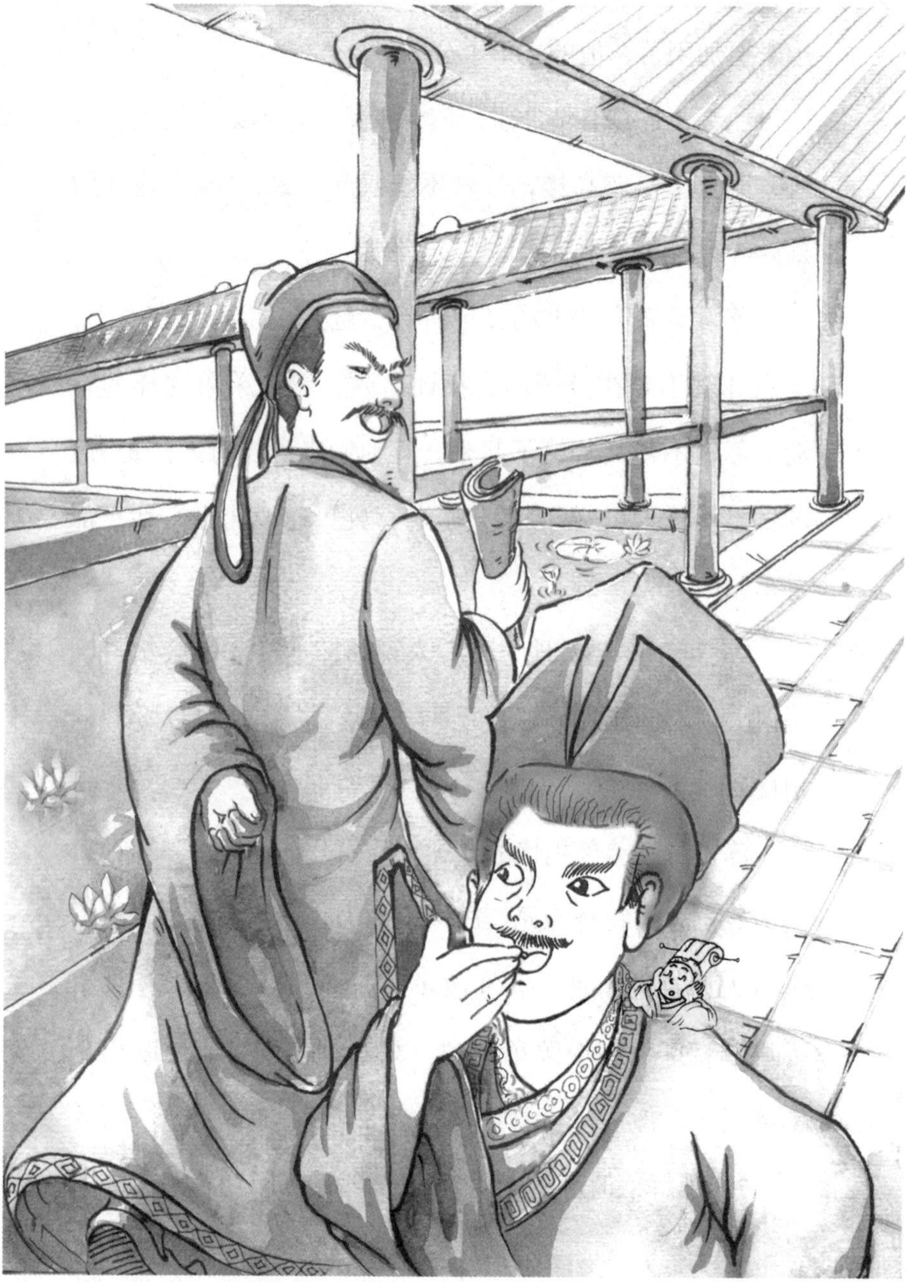

苏轼看着远方的田野,又叹了一口气:"子由[①],我无法看着老百姓因为王安石的新法而饥寒交迫、流离失所,却不替受苦的人民争取些什么。其实,我也赞成要有所改革,但是,绝不是像王安石这样,一开始就这么激烈,应该学习古圣先贤的方式,一步步慢慢来。"

苏辙听到哥哥严肃的语气,知道哥哥的心里一定有了重要的决定。他看着这个他尊敬爱戴的哥哥,轻声地说:"大哥,你打算怎么做?"

苏轼拍拍苏辙的肩膀:"我决定上书皇上,让皇上知道现今百姓们受的苦。我还要写文章,批评新政的缺失,让王安石检讨自己的新政,我相信我的文章一定可以得到世人的回响。我希望可以用我的笔,为这些受苦的老百姓贡献一点微薄的力量。我的文章只要能多救一个百姓免于苦难,也值了。"

"这样妥当吗?朝廷里多少大官都因为反对新政而被罢官或被放逐到偏远的地方。你再考虑一下吧。"虽然苏

[①] 子由:苏辙的字。

辙也对新政不满意，但他更担心哥哥为此遭到不测。

"哈哈哈……"苏轼朝着天际放声大笑。这笑声听在苏辙的耳里却是十分凄怆。

"子由，记得小时候母亲告诉我有关范滂的故事吗？现在我只是想做我觉得正确的事。"苏轼看着弟弟说道。苏辙很了解哥哥的个性，他知道自己的劝告都是枉然，只能默默地点头，眼泪从两颊缓缓流下。

"今天我若能像范滂一样，为正义出力，就算被罢官或流放边疆我都不怕。如果要我安守着自己的官职，却让老百姓受苦，我就算坐领厚禄，心里也会比受苦的百姓更加苦上十倍。你懂吗？"苏轼拂着长长的胡须，望着天际升起的一轮皎洁新月。

苏辙拭去眼角的泪滴，看着身旁沉浸在月光中的哥哥，他发现哥哥的周围仿佛正散发出一种微微的亮光，像一尊悲天悯人的神像。他对苏轼说："大哥，我了解。你就照自己的想法做吧，其他的事你不用担心，如果你有什么……"

苏辙清了清哽咽的喉咙，继续说："如果你有什么不测,我会好好照顾嫂嫂和侄子,不会让他们受到一点委屈。"

苏轼听完弟弟的话,深深地叹了一口气,紧握住弟弟的手,两行热泪不觉流了下来,他有千言万语想跟弟弟说,但这一刻什么也说不出口,只能对着弟弟点点头,从哽咽的喉咙里挤出低沉的一声:"谢谢。"

两兄弟默默地踏着月色,往回家的路上走去。在他们的心里充满了对未来命运的担忧与期待。但无论未来如何,两兄弟都各自许下心愿,要并肩携手一起走过。

从那天起,苏轼开始发愤写文章。他写了一篇著名的《上皇帝书》,在整篇九千字的文章里,详细分析了时势,道尽自己对新政的看法,文章中充满了机智、学问与大无畏的精神,更旁征博引了许多典故来支持自己的理论。他要皇帝以民为主,并接受大臣的谏言,不可以恢复残忍的酷刑。他在文中表明,相信皇帝已经看出新政的施行让朝廷失去民心,希望能赶快废除新政,改用较为和缓的改革方式。苏轼知道这篇文章可能会给自己带来杀头的灾祸,要不然也会被免职,但是他还是毅然决然地上呈给皇帝。

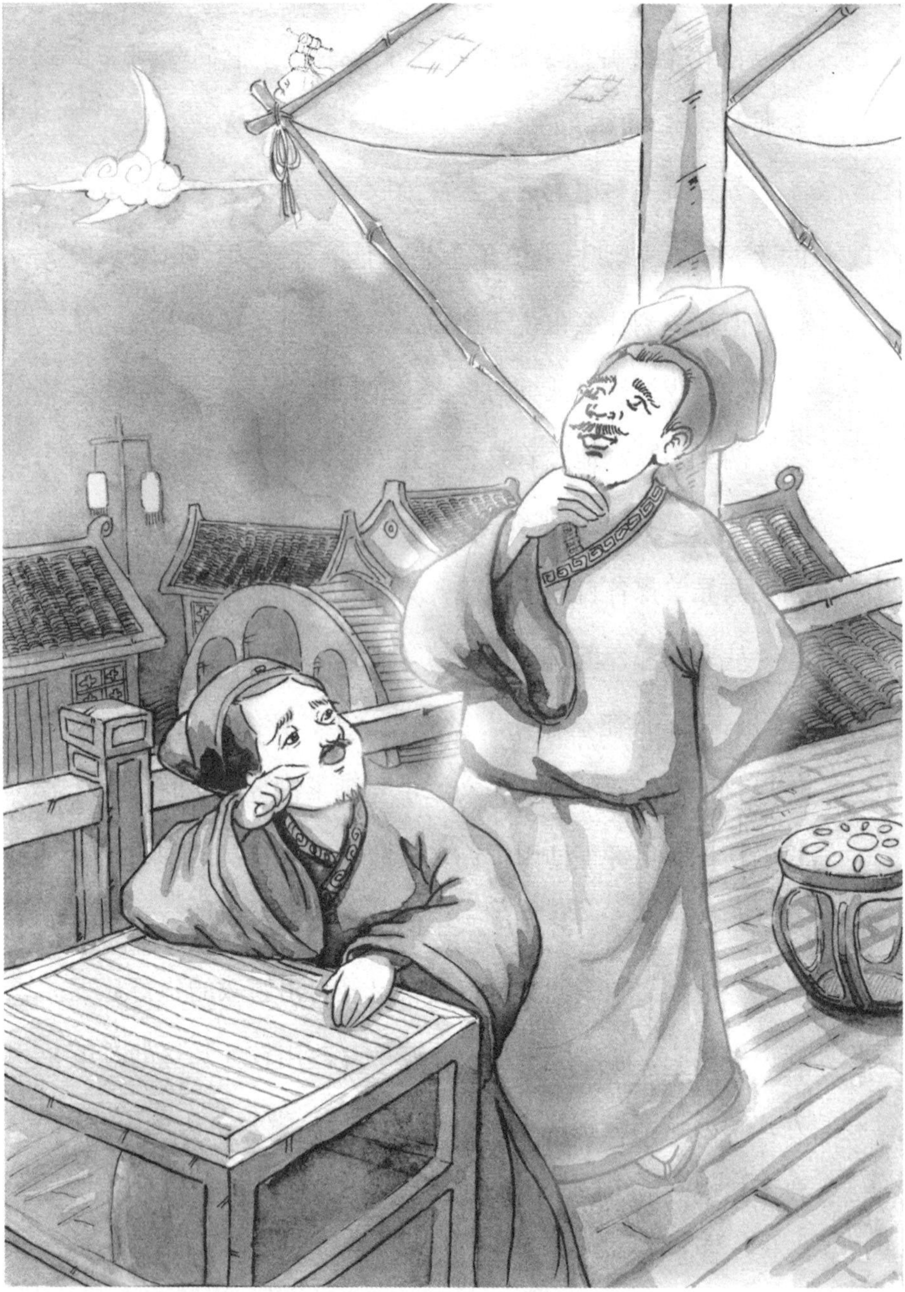

神宗皇帝看完苏轼的《上皇帝书》后，觉得苏轼的一些看法很有道理。于是决定不恢复残忍的刑罚，也下令禁止强摊贷款的恶令，减轻农民的负担。虽然如此，皇帝还是不打算彻底废除新政。

苏轼又写了许多篇批评王安石的文章，每篇文章都轰动全国，人人争先诵读，这种情况让王安石很不是滋味。王安石身边的奸佞小人开始散布谣言，说苏轼护送父亲的遗体回眉州的时候，滥用职权，偷运家具、瓷器，甚至贩卖私盐图利[1]。

这样的谣言传得沸沸扬扬，自然也传入皇帝的耳朵。按照苏轼做官时的考绩，他应该可以被聘任为太守，皇帝也原有此意。但是王安石和他身边的亲信不同意，一直向皇帝进谗言，他们希望皇帝能将苏轼贬到偏远的地方当个小判官。皇帝对此非常烦恼，只好折中大家的想法，派他到美丽的杭州去当通判。神宗甚至希望苏轼能为别人控告他的事情写一篇自我辩护的文章，这样他就有理由将苏轼

---

[1] 当时盐是由政府官卖的，一般老百姓不许私下卖盐，若被发现私自贩盐会被判很重的刑罚。

留在京城里。

苏轼知道皇帝的想法后哈哈大笑,对来传达消息的人说:"我苏轼已经做了我该做的事,我没有什么可以牵挂的。至于他们诬告我的事,就让朝廷去调查吧。"然后什么话也没说,便带着一家老小离开京城,往杭州赴任去了。

苏轼去杭州后没多久,有一位小官郑侠画了一幅《流民图》献给神宗,画中的灾民们拴着铁链砍树,反映当时的灾民为了赚钱交给官府,不得不忍受饥寒交迫、流离失所的日子。神宗看了这幅画,又反复推敲苏轼《上皇帝书》的建言,终于决定停止新政的施行。

王安石的变法因为太过激进和用人不当,终告失败。虽然新政推行告终,但是,朝廷中的大官在此时早已分成新党和旧党两派,两派的纷争没有因为新政的结束而停止,反而一直持续下去,也因为这样加速了北宋的灭亡。

9. 悠游杭州

苏轼带着妻子离开京城前往杭州,虽然神宗皇帝派他到美丽的杭州当通判,已经算是非常厚待他了,但是,这毕竟是被贬,还被加上贪污、滥用职权等凭空捏造的罪名,苏轼的心里多少有点不太舒畅。他想还是坐船从水路顺着运河南下吧,这样可以一路欣赏江南的好风光,以排解心中的不悦。于是,一家人便乘着画舫,一边顺流而下,一边欣赏着沿途美丽的山光水色。

当船来到嘉兴,原本并不打算靠岸,船夫却发现岸上有一大群人对着他们的船又是招手又是喊叫。船夫跑到苏轼面前说:"苏大人,岸上的人好像要找你,我们要靠岸吗?"

"找我?不知道是什么事,那还是上岸看看吧。"于是,商家降下船帆,把锚抛入水中,将船停靠在岸边,让

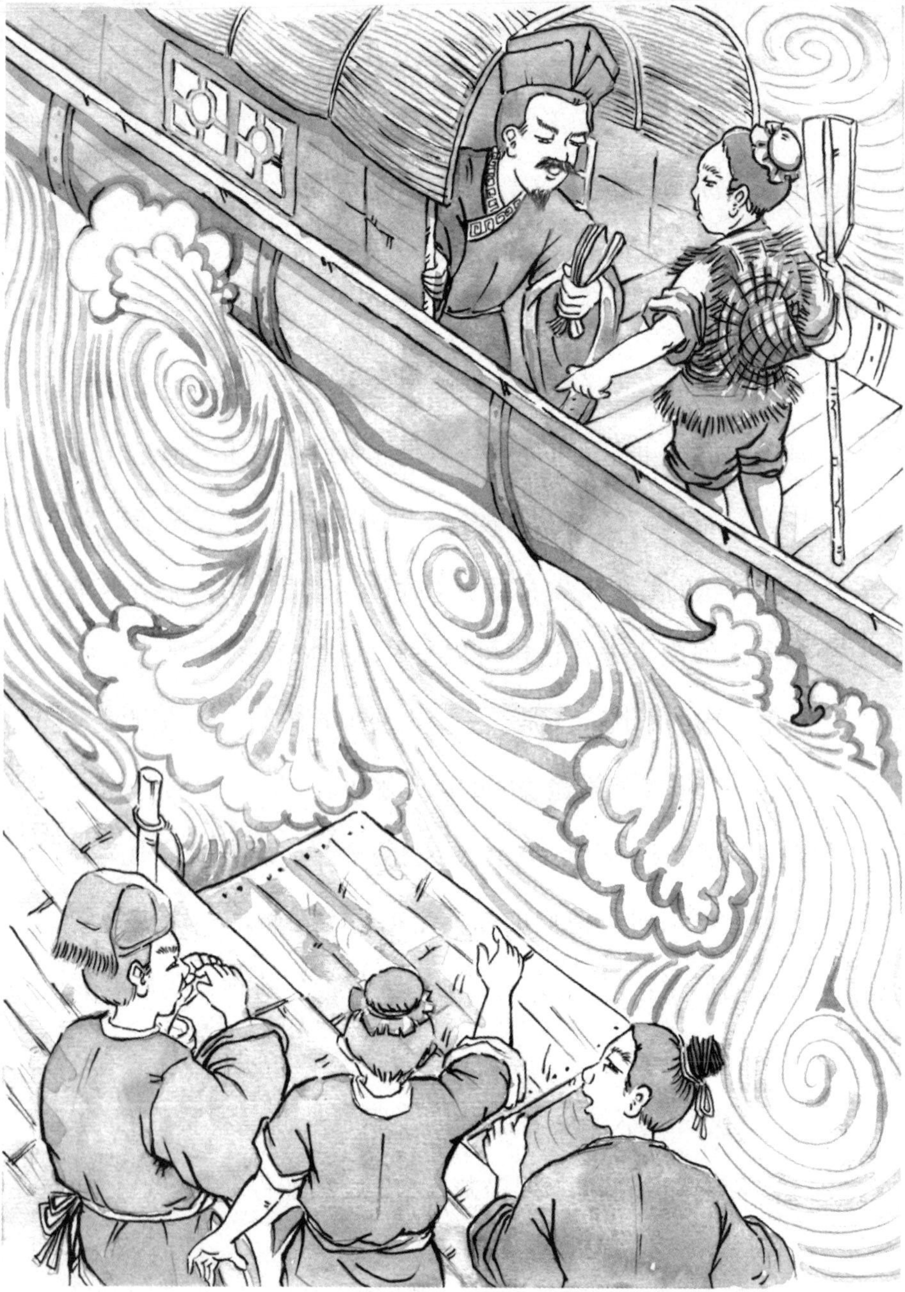

苏轼上岸。苏轼一上岸，一群秀才便将苏轼团团围住。

其中一位较为年长的秀才对苏轼打躬作揖客气地说："苏大人您驾临我们这个小地方，是我们的荣幸。原本不该打扰大人的雅兴，可是，这件事紧急得很，我们又才疏学浅无法解决，一听说苏大人您刚好路过这里，我们只好厚着脸皮，委屈您下船来帮我们解困。"

"到底是什么事，让你们这么烦恼？你别客气，就直接说了吧。"苏轼爽快地答应这群面有难色的秀才。

秀才们一听，七嘴八舌地想将事情的原委告诉苏轼。苏轼却听得一头雾水，只好要求那位年长的秀才把事情的原委慢慢地说清楚。

"事情是这样的。嘉兴城北有一座施王庙，庙里的住持非常傲慢，他故意将庙的正梁造得比孔庙大成殿的正梁还要高三尺。他这样简直是故意羞辱我们读书人。"老秀才越说越气愤，苏轼也跟着皱眉点头。

看到苏轼赞同的表情，老秀继续说："我们这些秀才当然不能让他这样目中无人，于是，我们去找这位住持商量，请他将施王庙的正梁降低。可是这位住持却十分傲慢无理，他说要他降低正梁可以，但是有个条件，"老秀才气得满脸通红，"他说他出一个上联要我们对，我们若是对得出下联，他就降低正梁，要是对不出来，我们就得任他建庙。期限是七天，今天已经是第七天了，我们却没有人可以对出下联，真是……只能怪我们学问不够扎实。可是，又不甘心让孔夫子受屈辱，所以大家听说苏大人您要经过此地前往杭州，大伙儿才会在岸上等您，希望能碰上您，请您为我们解决这迫在眉睫的难题。"

"是啊，是啊，请苏大人帮忙。"

"苏大人，您一定要帮我们争一口气呀。"秀才们全苦着一张脸，哀求苏轼伸出援手。

苏轼一边抚着胡子，一边点点头："这位住持真是既无理又傲慢，连建庙安梁都要欺负人。同为读书人，我岂能袖手旁观。你们快把他的上联说给我听听，真有这么难？"

"他的上联是：木马①三脚两个头。"

苏轼听了上联，看了看岸上一具木匠用的木马，不禁

---

① 木马：指的是木匠锯木头时用的架子，上面有两个头是用来顶住木头的，而底下大多做成三根脚。

点点头。接着他微微笑了起来,指着刚刚为了要靠岸而放下的铁锚说:"诸位秀才,你们瞧瞧这个铁锚,四只爪儿,共享一条腿,你们仔细想一想,这下联不就出来了吗?"

众秀才一看,异口同声地叫了起来:"铁猫(锚)四爪一条腿!"

苏轼在大家的感谢声中再度上船,往杭州驶去。

或许是因为帮助了这群秀才的缘故,也可能是对自己轻易解决了难题有些得意,苏轼已经不像刚上船时那么郁闷,他一路快乐地吟诗作对,在家人的陪伴下赶到杭州任职了。

而那群秀才因为得到苏轼的帮助,成功地让施王庙的住持将正梁降低,于是嘉兴的百姓为了纪念苏轼这段落帆停舟的故事,在杉青闸假山上建了一座亭子,取名为"落帆亭",现在已经成为嘉兴的八大景之一。

11月,苏轼来到了风景秀丽、人文荟萃、人称"上有天堂、下有苏杭"的杭州为官。他一到杭州,就被这里美丽的湖光山色所吸引。在苏轼眼中的杭州真是个无处不美、无时不美的地方,而且这里悠久的文化气息更让人们的生活处处有诗，时时有歌。

苏轼常在西湖畔漫步，天气晴朗时，阳光映照在西湖的湖面上，波光潋滟；天气阴雨时，蒙蒙细雨像一层薄纱笼罩在西湖上空，显得神秘而奇妙。无论晴天或是雨天，西湖的美总能令苏轼感动。苏轼认为西湖的美犹如古代的绝世美人西施一般，无论是淡妆还是浓妆都能展现出不同的风貌。

杭州人也打心里喜欢苏轼，他们欣赏他的才华，更欣赏他无处不自得的个性，与他举手投足间所散发出的个人魅力。苏轼在杭州的生活是快乐的，他常与朋友一同出游，忘情于山光水色之中。他天生好客且热情，一路上说笑、畅饮，用他的机智与文采征服了许多杭州人的心，大家对这位才子都投以崇拜的眼神，因此在民间也流传着许多有关苏轼的韵事佳话。

在一个仲夏的午后，阵雨刚过，苏轼跟他的一位好朋友一同游西湖。两个人来到孤山竹阁的临风亭上，观赏雨后的西湖。西湖刚被雨水刷洗得清新亮丽，阵阵凉风从湖心徐徐吹送，令人好不舒畅。

这时，一艘画舫从湖心慢慢往临风亭荡过来，船才靠岸，船上的布帏缓缓打开，船内走出一位清秀佳人，端庄秀丽，手中抱着古筝，向苏轼行了个礼问："请问阁下可是苏大人？"

"在下正是苏轼，请问姑娘芳名？"苏轼仔细地打量了船上的女子，却始终想不起在哪里见过这名举止优雅的女子。

女子微微一笑，说："我只是一个仰慕大人才华的平凡女子，又何必知道我的姓名呢？"

女子叹了一口气，接着说："我最爱读大人的诗文，一直渴望能见大人一面，死而无怨，今日能如愿以偿，已经没有什么可遗憾的了。"说完话，女子的眼眶泛红，声音也跟着哽咽起来。

"是不是有什么我可以帮忙的？你说出来无妨。"苏轼面对这位泛着泪光的女子，心生不忍之情。

"能见您一面，我就满足了。今日我特地带来古筝，不知大人可愿意听我为您演奏一曲？"女子羞红着脸问苏轼。

"苏轼在此洗耳恭听。"

女子温婉地理完琴弦，先弹奏了一首《长相思》，而后又弹了一首《高山流水》，琴声在西湖中缥缈回荡，一切显得如梦似幻。女子弹完曲子，向苏轼行礼后便返回船上，驾船离去了，没多久，船已经消失在湖光山色之中。这时，一旁的朋友推了推失神的苏轼："子瞻①兄，子瞻兄，那位姑娘已走远了。"

苏轼怅然若失地回过神来，望着远方，想起刚才亭中红着眼眶为自己弹琴的清秀佳人，激动地吟出《江城子》②一词。

在冥冥中，苏轼总觉得自己上辈子一定是杭州人，他热爱杭州的一切远胜过其他地方。

相传有一次，他的另一位朋友带他造访一座寺庙寿星院。虽然苏轼是第一次到寿星院，但是他却觉得眼前的景

---

① 子瞻：是苏轼的字。
② 江城子：是词调的名称，并不是词的主题。整首词为："凤凰山下雨初晴，水风清，晚霞明。一朵芙蕖，开过尚盈盈。何处飞来双白鹭，如有意，慕娉婷。 忽闻江上弄哀筝，苦含情，遣谁听？烟敛云收，依约是湘灵。欲待曲终寻问取，人不见，数峰青。"

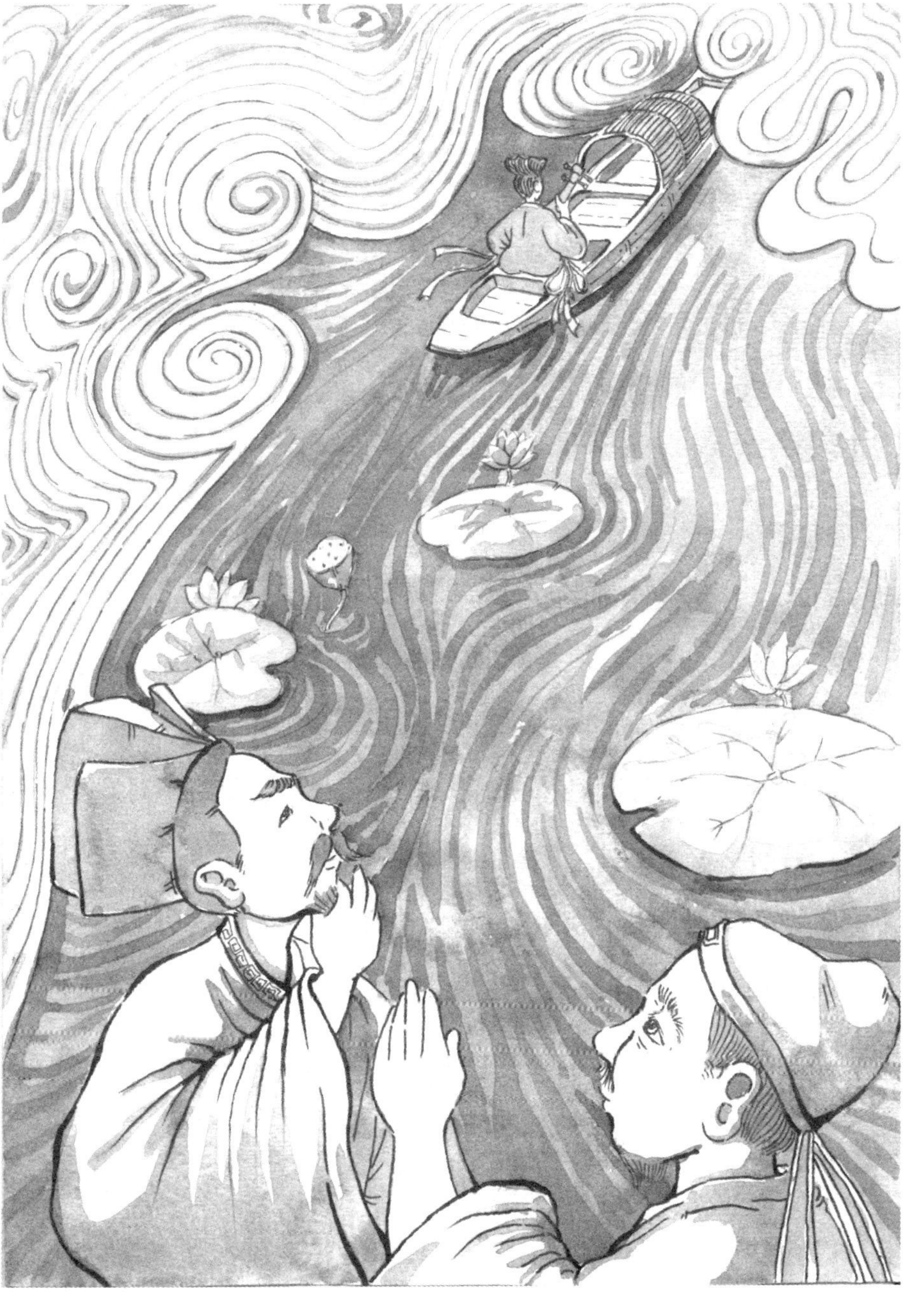

象非常熟悉。

"这个地方的一切,我觉得好熟悉。"苏轼忍不住跟同伴说。

"不可能,这是你第一次到寿星院,怎么可能会感到熟悉,一定是你搞混了。苏大人,你该不会是晒昏头了吧。"友人开玩笑地跟苏轼说。

"不,我想我上辈子大概是这座庙里的和尚吧。"苏轼一本正经地说。

"我知道这座庙的后面有一间忏堂,要走到忏堂,必须爬九十二阶的石阶梯。"苏轼不管旁人异样的眼光,他坚决的语气让在场的人都觉得不可思议。

"我们一起到寿星院后面,看看苏大人说得对不对。"同行的友人起哄闹着,于是大伙来到寿星院的后方,果真看到一间忏堂,忏堂前有一条长长的石阶。其中一位年轻的友人好奇地走上石阶,往忏堂走去。

"一阶、两阶、三阶……九十、九十一、九十二。果真是九十二阶!"年轻友人站在忏堂前往下大声叫道。

石阶下的同伴你看我,我看你,惊讶得说不出话来;

倒是苏轼早已走到别处观赏了。

　　杭州的风景和苏轼的文采相互辉映，后来，苏轼曾在数地为官，最后又回到杭州当太守，在这里流下许多美丽又感人的诗句与故事，为后人津津乐道。

10. 好友佛印

苏轼是一个生性好客的人，同时也是一位美食家，虽然生活条件并不富裕，但是他在招待朋友这方面绝不吝啬。

在杭州的时候，苏轼认识了许多要好的朋友，其中跟他一样爱吃美食的就要属佛印和尚了。佛印和尚向来荤素不忌，而且以好吃闻名，每次苏轼不管请谁吃饭，佛印都会不请自来。

在一个秋夜，苏轼邀请黄庭坚一同游西湖赏月，他们决定不让佛印知道，于是私下准备许多酒菜，悄悄来到西湖畔。

等船离了岸边，苏轼才放下一颗心，他笑着对黄庭坚说："今日我们总算躲过佛印，他的食量实在太大。他没跟过来，我们可以将船停在湖心，好好地吟诗作乐，吃喝个痛快了。"

其实,佛印早就打听好苏轼他们要出发的时间,也问好了他们要坐哪艘船。所以,在苏轼还没上船前,他就已经偷偷摸摸地躲进船舱里。

船缓缓地荡到西湖三塔,晚风轻轻地吹送着,淡淡的云中也露出皎洁的月光。苏轼和黄庭坚对这次的出游都感到十分满意。苏轼举起酒杯对黄庭坚说:"佛印不来,我们可清静多了。我们来行个酒令[①]如何?"

"好!"黄庭坚说。

"这次酒令的规则就由我来定啰!这酒令要四句,前两句描述眼前的景色,后两句要用'哉'这个字做结尾。"苏轼把酒令的规则说清楚了,接着说,"规则是我定的,就由我先来。"

苏轼抬头看着天空,几朵轻柔的云飘浮在黑夜里,皎洁的月亮从云缝中露出脸来。面对这样舒畅宜人的夜

---

① 酒令:是古时候文人酒宴上喜欢玩的游戏,每个人轮流做诗词,做诗词的规则由主人规定,轮到的人要是说不出符合规则的诗词,就要罚喝一杯酒,所以称为酒令。

景，苏轼吟出："浮云拨开，明月出来，天何言哉，天何言哉。"①

黄庭坚看看湖水，湖面上的莲花浮萍因船的到来而开出一条水路，几条鱼从莲叶间游出，他便接着说："莲萍拨开，游鱼出来，得其所哉，得其所哉。"②

这时候，躲在船舱里的佛印早就被甲板上香气四溢的饭菜熏得受不了了。他一听黄庭坚行完酒令，马上推开船舱板，爬上甲板，也跟着开玩笑似的行起酒令："船舱拨开，佛印出来，愁煞人哉，愁煞人哉。"③

苏轼和黄庭坚看到船舱里冒出一个人，两人吓了一跳，以为遇上歹徒，等定神一看，原来是怎么躲也躲不掉的佛印和尚，不禁放声大笑。

苏轼请佛印一同喝酒："你藏得妙，酒令也行得好，想不到怎么样也躲不开你。来吧，咱们喝酒吧！"

---

① 这首酒令的意思是：浮云渐渐飘开，明亮的月亮出现了，这么美的景色，说什么都是多余。
② 这首酒令的意思是："莲叶和浮萍渐渐散开，湖中的鱼游了出来，所有的一切都刚刚好，一切都令人满意。"
③ 这首酒令的意思是："船舱的门打开，我这个佛印和尚走出来，你们已经没地方可躲了，你们一定懊恼不已、愁眉苦脸吧。"

于是，三人便一块赏月游湖，高高兴兴地继续行酒令，度过了一个快乐又充满情趣的秋夜。

有一天，苏轼买了一条肥美的西湖草鱼，他吩咐厨师洗净剖开，在鱼身上划上五刀，便于入味，然后用葱、姜、火腿蒸熟。厨师做好后，将鱼送到苏轼的书房，苏轼一看，香气四溢的草鱼身上那五条刀痕，恰似湖边的杨柳枝叶，忍不住叫道："好一条五柳鱼呀！"

他拿起筷子正准备享用的时候，发现窗户外有个人影经过，仔细一看，原来是佛印和尚到家里来了。

苏轼心想："这个佛印，还真有口福，每次有好吃的东西，他就会出现。嘿，我今天就偏不让你吃到这条五柳鱼。"于是苏轼将鱼藏到书架上面。

其实，佛印在窗外早已将屋里的情形看得一清二楚，他故意装作什么也不知道，一派轻松地走进苏轼的书房，苏轼也若无其事地起身迎接佛印。两人一阵寒暄之后，佛印叹了一口气对苏轼说："苏大人呀，和尚我最近为一个字烦恼不已，想请你帮个忙。"佛印一脸苦恼的样子。

"是什么字？居然能让博学的佛印和尚伤脑筋？"苏轼

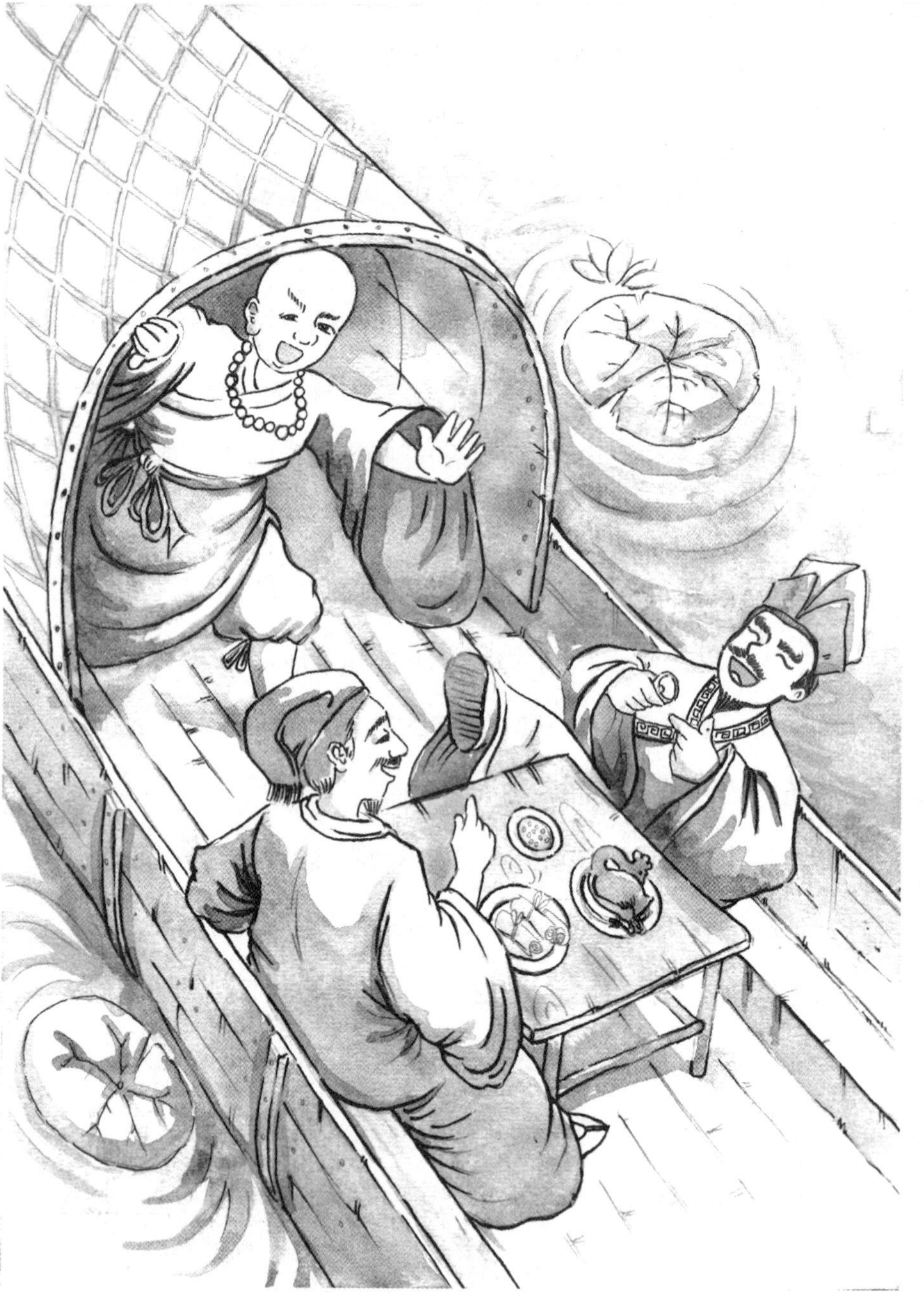

好奇地问。

"是'苏'字,就是苏大人你的姓呀。"

苏轼一愣,心想:"这个佛印,不可能连'苏'都不会写,他一定有什么诡计,我可要小心回答。"

于是,苏轼一本正经地回答:"这个'苏'字,上面有一个草字头①。"

"喔,一个草字头在上面。"

"草字头的下面呢,左边一个'鱼'字,右边一个'禾'字。"苏轼小心翼翼地解释着,还仔细地观察佛印脸上的表情与反应。

"啊!原来是这样写的!我明白了!"佛印好像突然明白的样子,接着,他又搔搔自己的光头问:"那如果'鱼'和'禾'两个字交换了位置,那个字该怎么念?"

"那也是一个'苏'字,只是少有人这么写。"苏轼回答。

"可是,如果把'鱼'这个字,跟草字头交换呢?就

---

① "苏"字的繁体字为"蘇"。

是把鱼放到上面去了呢？"佛印接着问。

"这……这可就不成字了，'鱼'怎么可以搁在上头呢！"苏轼被佛印的问题问得一头雾水。

这时，只见佛印哈哈大笑，指着书架上的五柳鱼说："就是啊，鱼怎么可以放在上头呢？还不赶快拿下来。"

苏轼一听，终于明白，说了这么久，原来佛印是想吃书架上那条肥美的西湖草鱼。苏轼也跟着哈哈大笑，把鱼从书架上拿下来，跟佛印两个人，三两下就把鱼吃个精光了。

没过多久，佛印听说苏轼要来找他。于是，他也煮了一条五柳鱼，准备招待苏轼。等鱼煮好了，他心里想："上回你让我费尽心思才吃到鱼，这次也跟你开开玩笑吧。"

于是他把煮好的鱼放进磬[①]里。刚好，苏轼也在窗外将一切看在眼里，他大方地走进屋里，对佛印行了个礼，然后便叹起气来。

[①] 磬：寺观礼佛时所敲的乐器，中空，形状像钵。

"什么事令你这么烦恼?"佛印关心地问。

"大和尚有所不知,我素来以文才自居,今天却有一个对不出来的对联,所以特地来请大和尚你帮我解危。"

佛印一想,如果连苏轼都对不出的对联,一定是非常难的。他忍不住问:"是什么样的对联,你赶紧说出来让我听听。"

"唉,它的上联是'向阳门第春常在'。"苏轼愁眉不展地回答。

佛印一听,顿时也愣住了,他心想:"这不是家家户户贴在门口、老掉牙的对联吗?苏轼今天是怎么了,连这么简单的对联都对不出来?这一定有问题,我得小心回答。"

佛印清了清嗓子:"你不必担心,这句对联的下联是'积善人家庆有余'。"

佛印刚说完,苏轼便哈哈大笑起来,指着磬说:"原来和尚你的磬里面有鱼啊,那还不赶快拿出来让我品尝品尝。"

佛印一听也跟着哈哈大笑,笑着从磬里把鱼拿出来,两个人又痛痛快快地享用了美味可口的五柳鱼。

后来苏轼在官场上并不如意，在短短的几年内被派到各个不同的地方为官，虽然四处奔波，但是离开杭州后，他并没有和这些好朋友失去联络，大家在书信往返间，反而更坚定了彼此的友谊，而利用文学的切磋讨论与互相调侃，让苏轼消减了不少仕途不顺的失落感。

11. 以民为重

苏轼在杭州当通判三年后，因为任期结束，又得知弟弟苏辙正在济州①任职，便自动请调。后来苏轼果被派任到密州②当太守。虽然和弟弟很近，但两人见面的机会还是很少。

那年中秋，苏轼和同伴一起登高，在山间凉亭里饮酒赏月，他看着皎洁的满月赞叹道："啊！很难见到这么美丽的明月！我们举杯为这样的美景干杯吧。"

大家看苏轼这么有雅兴，也跟着举杯。你一杯，我一杯，笑谈间喝得十分尽兴。有几分醉意的苏轼忽然又举起酒杯朝向天空，大声地说："月亮上的神仙呀，请问天上现在是何年何月？"接着一口气喝掉杯中的酒。

---

① 济州，今山东菏泽。
② 密州，今山东诸城。

这时，一阵凉爽的山风迎面吹来，苏轼张开双臂，仰头迎着风："啊，多舒畅的风啊！我真想乘着风到天上的月宫去瞧瞧。"其他人以为苏轼喝醉了，于是大家继续喝酒说笑。

苏轼默默地离开杯觥交错的凉亭，独自望着明月，想起了古代传说中的嫦娥。他忽然同情起嫦娥：她一个人怎么在月宫中生活？怎么忍受月宫中的寒冷与孤单？在那样的宫殿里，想必只有自己清冷的影子陪伴，哪像在人间这般热闹。

他很想把这样的想象与感受告诉身边的友人，但是大家还在凉亭里畅饮。一时之间，居然找不到可以诉说的人，他叹了一口气："要是子由在身边就好了，他一定可以了解我的感受。"

此时，他对弟弟的思念之情溢上心头："希望子由这个时候也正在赏月，这样一来虽然相隔千里，却也能欣赏同一轮明月了。唉！人生在世一定有悲欢离合，就像月亮有阴晴圆缺，这是自古以来不变的道理。希望世上所有有缘人都能长长久久相聚，就算无缘也能在千里之外一同欣赏这轮美丽的月亮。"

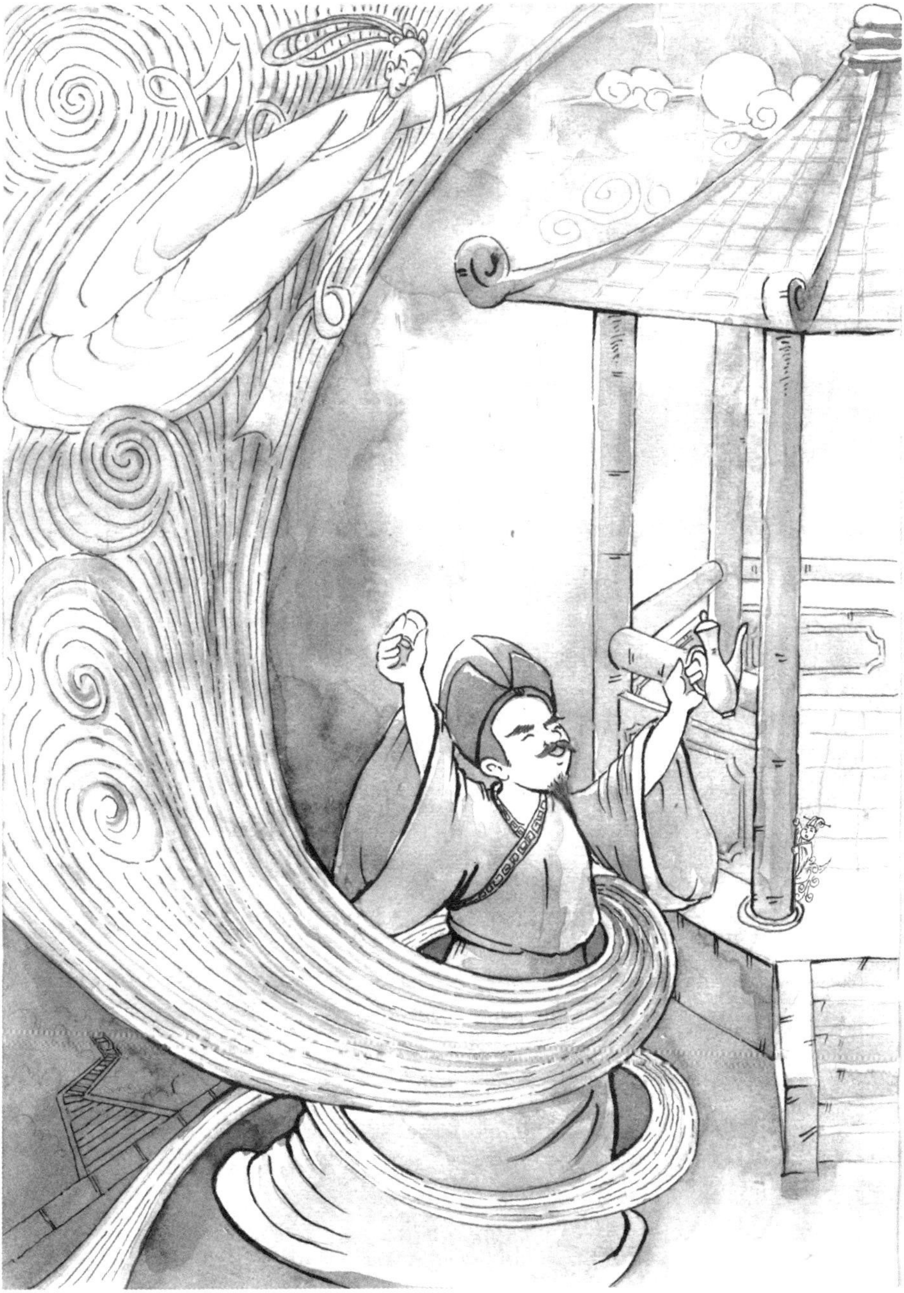

无法与在远方的弟弟一起赏月的遗憾，让苏轼的心中充满了无限的感慨。于是，他写下流传千古，被词评家评论为史上最好的中秋词《水调歌头》①。

苏轼在密州不仅感到寂寞，在生活上也更拮据了。密州跟杭州有着天壤之别，是一个非常贫瘠的地方，苏轼到这里之后，薪俸减少了很多，常常吃不饱，他在一些诗词中也曾经写出在密州生活的贫苦，衣食也越来越差。

但是，在这样贫困的岁月里，苏轼的诗词创作反而趋于成熟，他的心中没有愤恨不平的怒火，只有安详与满足。唯一令他感到伤感的除了很难和弟弟见面外，就是无法在亡妻王弗的忌日时回乡为她扫墓。

这年已是王弗过世后的第十年，虽然无法回眉州老家，但是他心里仍然挂念着她。妻子忌日的那天夜里，对亡妻的思念与歉意让苏轼辗转难眠，在半梦半醒之间，苏

---

① 《水调歌头》词前小序说："丙辰中秋，欢饮达旦，大醉，作此篇，兼怀子由。"整首词为："明月几时有？把酒问青天。不知天上宫阙，今夕是何年。我欲乘风归去，又恐琼楼玉宇，高处不胜寒。起舞弄清影，何似在人间。 转朱阁，低绮户，照无眠。不应有恨，何事长向别时圆？人有悲欢离合，月有阴晴圆缺，此事古难全。但愿人长久，千里共婵娟。"

轼仿佛来到了旧日他与王弗的房里,看到王弗像往常一样坐在床前,对着镜子梳理打扮。苏轼想开口唤王弗,却从镜子里看到自己,已是一个脸上布满皱纹、满头白发的老人。他想王弗应该不认识他了,伤心难过地看着王弗依旧年轻的面容,不知道该怎么开口,只有泪水不停地流下,心中伤痛得宛如断肠一般,让他难过得醒了过来。

深夜惊醒的苏轼走出房门,看到天上皎洁的月亮,心中的思念与痛苦并未稍有停歇,于是吟出了感人至深的《江城子》[①]。

苏轼在密州只待了两年就调任徐州当知州去了。

苏轼到了徐州之后,个性比从前更加成熟、圆润。他

---

① 《江城子·乙卯正月二十日夜记梦》:"十年生死两茫茫,不思量,自难忘。千里孤坟,无处话凄凉。纵使相逢应不识,尘满面,鬓如霜。 夜来幽梦忽还乡,小轩窗,正梳妆。相顾无言,惟有泪千行。料得年年肠断处,明月夜,短松冈。"词意是:你我生死两别已经十年了,就算我不刻意地想你,却也无法忘记你。如今,你的坟孤零零地在千里之外,想到这凄凉的情景,让我感到十分难过。我想你现在若是看到我,大概也不认识我了吧,因为,我已经是个脸上布满皱纹、满头白发的人了。但是,今晚在梦里,我回到了我们一起生活的故乡,你依旧是年轻时那可人的模样,你正坐在窗前,对着镜子梳理打扮,我们四眼相望,久久说不出话,只有泪水不停地流下来。唉,每年的这个日子,在那座明月高照、种满松树的小山冈上,就是我伤心断肠的地方。

放下官场的得失，也放下文坛给予的盛名，认真做一个有作为的知州，为当地的老百姓谋更多的福利。

他刚到任三个月，徐州就发生大水灾。虽然王安石曾经为治理水灾、疏通黄河花费了许多人力物力，但是仍然毫无效果。这一次黄河泛滥漫延好几百里，许多老百姓为水患所苦。而大水来到徐州时，虽被南面的高山挡住，但是水位却不断上升。

徐州城里的百姓非常害怕，他们担心水位一旦过高，终会将整个徐州城淹没。许多有钱人便匆匆收拾家当，准备弃城举家搬迁。苏轼知道了之后，挡在城门口，大声对着想逃难的百姓说："有我在！你们最好留下来！"说完，便强迫这些人回到自己的家园。

当时有些人对他的做法非常不满，但是苏轼并不在意。他每天住在城墙顶的小木棚里，亲自监督修固城外围墙的工作。眼看着东南方的外墙快要被水漫过了，他下令把墙的基座加厚，把城墙加高，可是工人人数不足，使得修砌的进度实在赶不上水上涨的速度。

"知州大人，好多工人都已经累倒了，就算大家不休

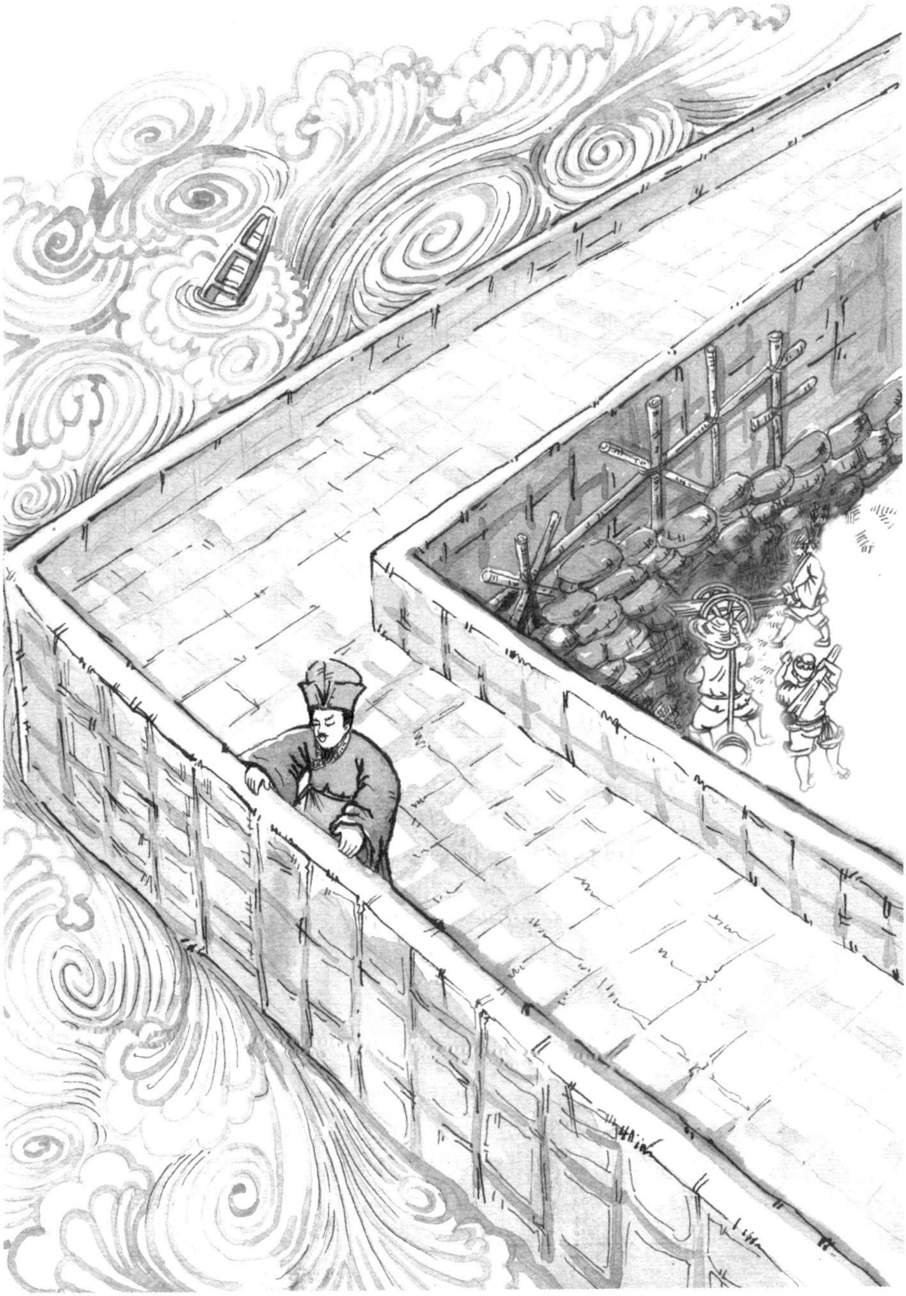

息，建墙的速度还是无法赶上水涨的速度。要不要通知城里的百姓往高处逃？"身边的人担忧地看着几夜未眠的苏轼。

苏轼沉默了一会儿，摇摇头："不要造成百姓的慌乱，这样容易引起暴动。人手不足的问题，我想到一个办法可以解决。"

"大人，一时之间，您要去哪里找人来帮忙？"

"我可以去拜访军营的卒长①，请他派兵来筑墙。"苏轼穿上外衣走出小木棚。

"大人！大人！这是行不通的！"身边的谋士们叫了起来："禁军②是直接归皇帝统帅的，您这样贸然前去，怕会被冠上造反的罪名，实在不妥。"

"老百姓身家性命都快不保了，还在乎这些规矩吗？我想皇上一定能谅解我的做法。"苏轼说完便踩着泥泞的道路，直奔军营找卒长。

---

① 卒长：古代军队百人为卒，其长官称卒长。
② 禁军：古代称保卫京城或宫廷的军队为禁军，但宋代由中央直接掌握的正规军也称为禁军。

当他对卒长说明来意后,卒长马上答应帮忙:"我们看着水位不停地上升,也是心急如焚。军营里的弟兄们看到苏大人亲自监督防洪的工程,大家非常感动,早就想为家乡尽一份心力了。今天大人亲自造访,我们哪有拒绝的道理。大人放心,我们一定会为徐州的百姓尽最大的心力。我马上召集弟兄,跟大人回去筑墙防洪。"

得到军队的大力支持后,徐州的筑墙防洪工作进行得非常顺利。大洪水围徐州城四十五天,没有将徐州城淹没,一切都得归功于这道坚固无比的防水墙。终于,洪水渐渐退去,徐州城的百姓欣喜若狂,大家对苏轼的爱戴更是不可言喻。

但是,苏轼却没有陶醉在洪水退去的喜悦中,他看着被洪水淹过的城外土地,心中兴起一份忧虑:"这暂时筑的堤防挡得了一时的洪水,却不知道能不能挡得住下一回的滔滔洪流。我该为这里的百姓,想一个永保久安的办法。"

等大家的日常生活逐渐恢复之后,苏轼上表给皇帝,希望能加强徐州城外的防洪外墙。第二年,苏轼得到朝廷的拨款，在徐州城外建了一座木造的坝墙，还在这道外墙上建了一座十丈高的楼台，名为"黄楼"。后来他在徐州时期写的诗集被集结出书，便称为《黄楼集》。

在徐州的这段日子，苏轼过得很充实也很忙碌。除了抵御洪水建造黄楼外，苏轼也关心被关进牢里的犯人。其实，这些犯人当中，有许多是因为朝廷的法令不够好而成为罪犯的①。

他觉得是政府对不起百姓，而自己却没有足够的能力可以保护他们，所以他只能派一些医生定时到狱中照顾囚犯，也亲自到狱中关心囚犯的生活与健康。在当时，这样的举动从来没有人做过。有一些人就劝苏轼："知州大人，您何必为了那些罪犯浪费心力？这样会贬低您尊贵的身份。"

苏轼非常不以为然地回答："这些囚犯也是为了生活才会触犯法条，他们并不是那种十恶不赦的坏人，我身为

---

① 例如，法令规定只准政府卖盐，这无非是抢了百姓的生计。因此，苏轼每每审理百姓贩卖私盐的案件，当他不得不依法将百姓押拿入狱、判刑时，他的内心就非常痛苦。

知州当然有责任关心、照顾他们。"

苏轼的做法，得到囚犯家属和亲友的感激。两年后，他被调任湖州太守时，虽然遭逢了一场无妄的牢狱之灾，但或许是他多行善事，最终有惊无险地化解了。

12. 牢狱之灾

苏轼在徐州任满后,被朝廷调回江苏的湖州当太守。这原本是一件好事,可是,他在任职时写的一篇谢表却让他遭受牢狱之苦。

原本这篇文章是依照惯用的格式书写,感谢皇帝恩德,让他调任新职,本应该没有什么大问题。但是,他在文中除了感谢之外,还讽刺了一些见风转舵却备受朝廷重用的小人,这样当然引起一些小人的不安,其中以李定和舒亶最不舒服。

这两个人原本是王安石的部下,后来王安石失势,他们便投靠到旧党的势力之下。他们看到苏轼在谢表上,几乎是直接指着他们两个人骂,怎么忍得下这口气。于是,他们勾结当时的一名御史[①],摘取苏轼谢表中的四句话,

---

① 御史:御史的工作是弹劾官员,或是调查官员是否有不合法的行为。

告他讽刺政府、莽撞无礼，对皇帝不忠。

　　李定是御史中丞，有权将官员暂时免职，然后再加以调查是否有违法的行为。李定利用自己的职务之便，刻意找出四个该杀苏轼的理由，上呈神宗皇帝，想趁机杀害苏轼。虽然神宗皇帝并不认为苏轼有不礼貌或对朝廷不忠心的言论，但是，案子已经被人举发，只好让苏轼接受御史的详细调查。于是李定派人到湖州，打算革去苏轼知州的官职，并强押他到京师接受调查。

　　苏轼在京城里的好友得到这个消息，连夜派人送信给正在南京当官的苏辙。

　　苏辙得到消息后，又急忙派信差赶在御史到达之前，将消息告诉在湖州的苏轼。

　　苏轼得知这个消息之后，心中不免担忧。他只知道自己被告，但是这个罪状到底是大是小，根本不清楚。苏辙的信差才到达没多久，御史台的官差也到达知州府了，两列官差表情严肃地站在衙门的两旁，等着要拘提苏轼。

　　苏轼穿着知州的官服出来迎接御史台的官员，他心想，不知道这一去会不会就此丧命，便跟官差说："我知道我冒犯了朝廷,相信我是难逃一死。可否请您宽容我一些时间,让我跟家人道别?"

官差面无表情地说:"可以,但是时间不多。见完家属后,马上动身进京。"

苏轼回到家里,把情况告诉家人,所有人都哭了起来。虽然苏轼的心情也很乱,但是看到妻子哭得泣不成声,孩子们个个泪眼汪汪,他实在很舍不得,于是,他故作轻松地说:"这只不过是个革职进京的普通命令罢了,应该不是什么大不了的罪,你们不要太担心。来,我说个故事给你们听。"

苏轼清了清哽咽的嗓子说:"在真宗皇帝的时候,有一个隐居的大学者,名字叫杨朴,皇帝想要召见他,他却不愿意进京,于是被强押进宫面见皇帝。

"皇帝问他:'听说你会写诗?'

"杨朴不想从政,于是掩饰自己的才华说:'不,我不会写诗。'

"皇帝又问:'朋友帮你送行时,有没有人写诗给你?'

"杨朴回答:'没有。只有我的妻子写了一首诗给我。'

"'你的妻子写了什么,念来给朕听听?'皇帝说。

"杨朴顺着皇帝的意思,将妻子临别时写的诗念出来:'更休落魄耽杯酒,且莫猖狂爱咏诗。今日捉将官里去,这回断送老头皮。'①"

苏轼的妻子听了这个故事,虽然依旧泪水盈眶,却见苏轼从容应对,便渐渐收拾起悲伤的情绪。后来大家决定让苏轼的长子苏迈陪他进京,也好一路上有个照料。

当苏轼被态度蛮横的官差押出城门外时,许多官员都躲了起来,因为大家不清楚苏轼到底犯了多大的罪行,怕被牵累,倒是满城百姓都前来送行。道路两旁挤满了人,个个泪如雨下,大家非常舍不得这位刚到任又十分爱民惜才的文学家知州。

杭州的百姓听到苏轼被捉的消息,更是难过极了。他们纷纷在街上设龛祭拜,希望能为苏轼消灾解祸。由此可见,苏轼深得一般百姓的爱戴。

---

① 这首诗的意思是,跟你说了不要爱喝酒,不要乱写诗,你就是不听。你看你,今天被官差抓去,我想你这回可能要丢了你这老头皮,要被砍头了。

到了京城之后，苏轼被关在牢房里，狱卒知道他是苏轼，对他非常礼遇，态度也很客气。苏轼在牢里什么事也不能做，更无法得知外面的消息，也不知道自己到底会被判多重的刑责。他的儿子每天都会到牢里来探望他，并为他送一些饭菜，可是却不能交谈。他曾偷偷告诉儿子："你平常就送肉和菜给我，如果外面有坏消息的话，你就送一条鱼来吧。"

苏迈谨记着父亲的交代，每天除了送菜和肉到牢里外，还不忘托人到御史台打听消息。日子一天天过去，苏轼的案子似乎一直混沌未明，而苏迈身上的盘缠却已经用光了，他只好四处向人借钱。

一天，苏迈为了去借钱，拜托朋友送饭菜到牢里给苏轼，却忘了跟朋友交代只能送菜和肉。这位朋友十分仰慕苏轼，有机会可以代送饭菜给苏轼，他感到十分骄傲，心想："苏大人在牢里一定吃得不好，我看苏迈也没有什么钱，今天就由我为他加加菜吧。"于是，他又多买了一条肥美的鱼，煮得香喷喷的送进牢里。

苏轼一看到儿子送来了一条大肥鱼，以为自己的死期不远，两行眼泪扑簌簌沿着脸颊而下，狱卒看到苏轼不吃鱼，反而掉眼泪，好奇地询问苏轼。当他知道苏轼快要被处死，也忍不住跟着哭了起来。

苏轼向狱卒要求："我的死期不远，不知是否可以借我文房四宝一用，我想写两首诗给我的胞弟苏辙，作为诀别。"

狱卒擦干眼泪，点点头说："借文房四宝不成问题，可是你已经被诗害到今天这步田地了，你还要写诗？"

苏轼摇摇头，叹了一口气，说："现在不写，以后恐怕也没机会写了。"

狱卒拿来文房四宝后，苏轼含着泪写下两首绝笔诗，他在诗中写满了自己对妻儿与苏辙的不舍，他认为自己这次一定是难逃一死，于是伤心地跟大家诀别。苏轼在诗中也流露出对皇帝的崇敬，表明自己从来没有对皇帝不敬，但如今因为自己的愚昧伤害了自己和家人，也失去了报效国家的机会，不仅对不起家人，更对不起皇帝的厚爱。接着又要苏辙不要为自己的后事伤脑筋，随便把他埋葬就可以了，他希望能生生世世跟苏辙当兄弟。

苏轼写完诗交给狱卒，请他将这两首诗交给当时在南

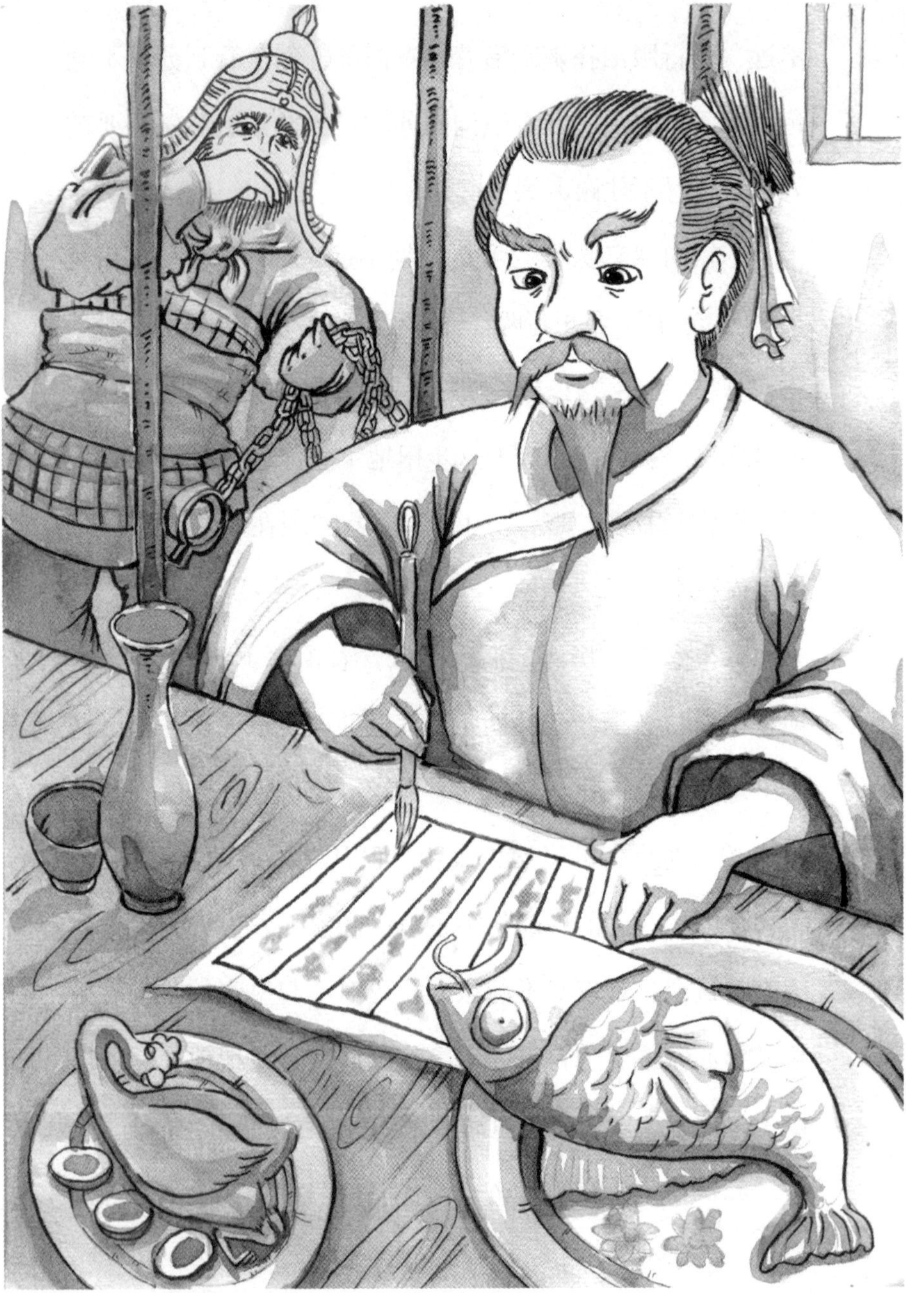

京当官的苏辙。苏辙看到苏轼写给自己的诗之后，放声大哭起来，尤其看到哥哥说愿意生生世世与自己当兄弟，这份情谊更是令苏辙感动。他想将哥哥这两首诗妥为收藏，但是狱卒不肯。狱卒跟苏辙说："我已经违法将犯人的诗句带给你看，现在我该把这两首诗交给我的长官。"

"交给长官？那……你拿去吧。"苏辙心想，如果这两首诗可以让神宗皇帝看到，或许皇帝可以了解哥哥的忠心。于是他让狱卒将诗带走，同时苏辙也赶紧上书皇帝，愿以自身的官位替苏轼赎罪，并担保苏轼绝无造反之心。

苏辙心想，苏轼是当代的大诗人，连皇帝都十分欣赏他的诗句，两首诗应该可以得到皇帝的重视。果然，皇帝在看了这两首诗之后，大受感动。

另一方面，苏轼写完绝笔诗之后，心中忽然坦荡起来，他心想："我苏轼一生没做什么亏心事，堂堂正正、心安理得。今日坐牢也是被小人诬告。生也罢，死也罢，没有什么好担忧的。"于是，他在牢房里倒头呼呼大睡起来。这时候，两个狱卒从外面带来一位犯人，他们将犯人跟苏轼关在同一个牢房里。

正当苏轼睡得香甜的时候，感觉有人推了他一把，他睁开蒙眬的眼睛，只见刚才被捉进牢里的犯人正对着他笑。苏轼迷迷糊糊地搞不清楚情况，揉了揉眼睛，坐起来对那位犯人说："这位兄台，不知叫醒苏某，有何贵干？"

"恭喜苏知州。"犯人轻声地对苏轼道喜。

"哈哈，我都快被砍头了，何来喜讯？你就别跟我开这种玩笑了。"

苏轼说完正准备躺下，那位犯人靠近苏轼的耳边小声地对他说："我是皇上派来的，御史台一直希望皇上能处死苏知州。但皇上不信苏知州有谋反的意图，所以派我进牢里观察苏知州。今日，我看苏知州在牢里，睡得香甜，鼾声四起。可见，苏知州内心坦荡。我要将今日所见禀告皇上，我想皇上很快就会让苏知州出狱了。我当然要好好恭喜你。"说完，这位犯人就大大方方地走出了监牢。

没多久，苏轼果真被释放了。不过，苏轼虽然逃过死罪，却因此谪居[①]黄州。

[①] 谪居：表示官员因犯罪或其他原因被降职，调到比较偏远的地方，而且不能随意离开那个地方。谪居黄州是指苏轼只能住在黄州，而且活动范围不能超出黄州。

13. 东坡居士

苏轼出狱后，带着长子苏迈先到谪居地黄州报到，其他的家属再由弟弟苏辙护送到黄州跟苏轼相会。

苏轼抵达黄州时，先寄居在定惠禅院。由于苏轼天生爽朗豁达，没多久他就交到许多好朋友。他和定惠院里的僧侣们常一同散步于山林之间。黄州的徐知州也很礼遇苏轼，常常邀请他到家里吃饭喝酒，长江对岸的鄂州朱知州也常命人送酒菜给苏轼。

被贬到黄州后，苏轼开始对佛经有了兴趣。他从佛经中得到许多自处的方法，因此虽然被贬官，日子也越过越苦，可是心情却不觉得苦闷，反而倍感轻松自在。

那时，苏轼结交了一位好友，名叫陈慥，字季常，自称为龙丘居士，就是苏轼在凤翔当判官时，那位跟苏轼常有争执的陈太守的儿子。有一些小人以为陈慥会与苏轼不

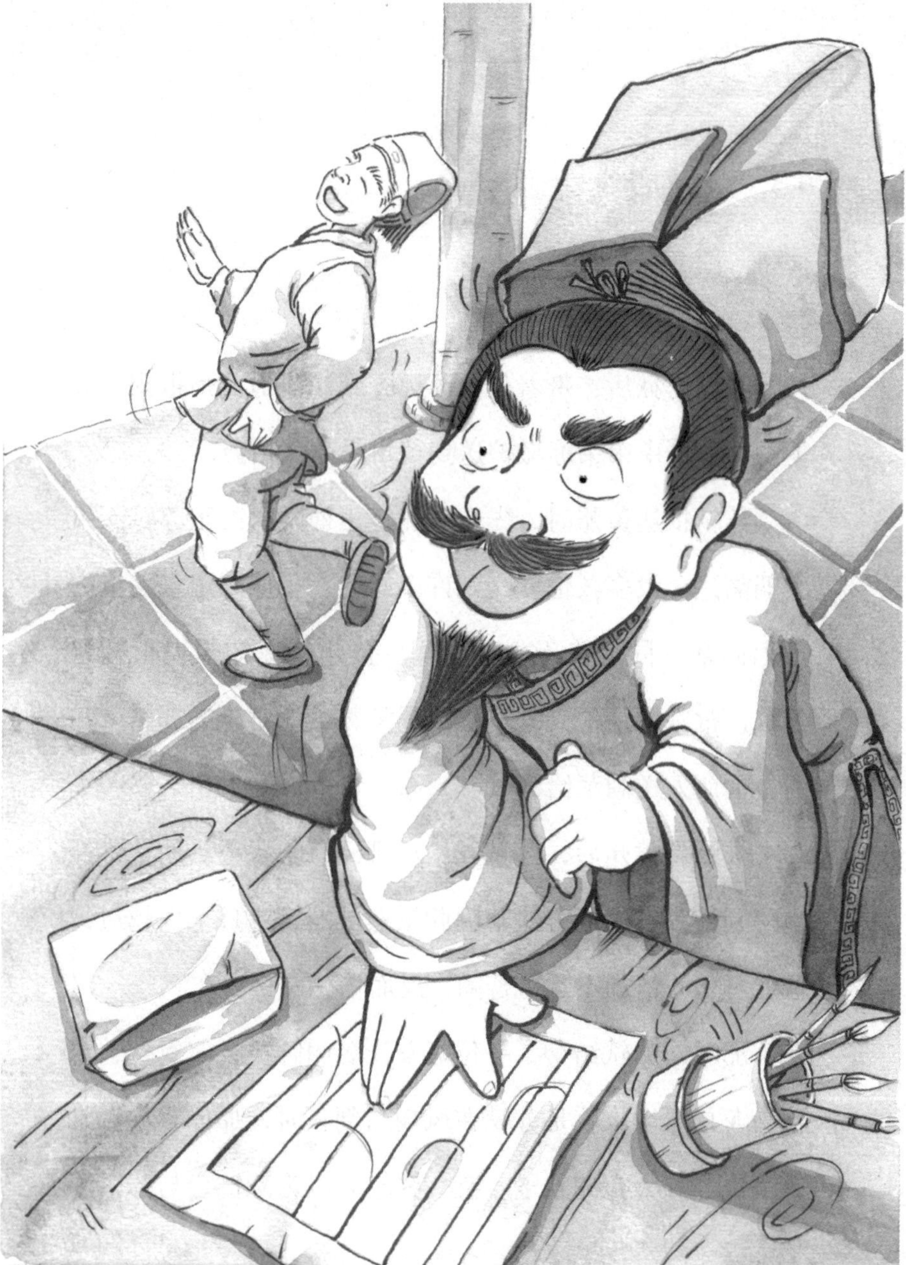

和，没想到陈慥是一位热情好客的人，跟苏轼一见如故，两个人成为一辈子的好朋友。

苏轼的日子虽然过得十分清苦，但是也自在快活。他为了节省家里的开支，把每个月的收入分成三十份，挂在屋梁上，每天拿一份当作家用，如果有剩，就丢进竹筒子里，留着用来招待朋友。后来友人实在看不过去，就帮苏轼在住家的东面置了一块地，让苏轼耕种农作物，自食其力。

从此，苏轼便开始他的农夫生活。苏轼越来越觉得自己适合当一名地道的农夫，也爱上这种恬静的田园生活。第二年他在农地上盖了一间农舍，取名为东坡雪堂，并且自称为"东坡居士"。

苏轼在农地上忙得不亦乐乎，除了种蔬菜外，他还造鱼池、修水坝，再种上柳树、松树及桑树、枣树等果树，闲暇的时候，就跟朋友们在东坡雪堂里谈诗论画。

苏轼天性热情，在他的眼中每个人都是好人，每个人都可以成为朋友，所以他的朋友中，各式各样、三教九流的人都有。

心胸开阔的人，凡事都能海阔天空，苏轼常常穿着草鞋出门散步，或雇一条小舟，随着渔夫樵夫等市井小民度过一天。有时，他也会被喝醉酒的醉汉推挤，被不认识他的人谩骂，但是他的心中却没有一丝怨恨，反而感到自在，喜欢上这种没有什么人认识他，也没有人知道他是文坛才子的自在生活。他渐渐体会到平凡中蕴藏的喜悦，他的豪迈闲适与幽默，让他在最艰苦的日子里，得以快乐平静地度过。

　　这时候，苏轼家里传出喜讯，他的妾朝云为他生下了一个儿子。苏轼抱着小儿子，心中百感交集，为他取名为遁儿，是希望这个孩子可以平平顺顺地过一生，不要像他一样，虽然有才华，却也因为太过聪明被人嫉妒和陷害。他向老天祈求，希望小儿子不要像他一样聪明反被聪明误，只要能无灾无难地过一生，就算是既愚又笨也没关系。为此，苏轼还写了一首《洗儿诗》①。

---

① 《洗儿诗》："人皆养子望聪明，我被聪明误一生。惟愿孩儿愚且鲁，无灾无难到公卿。"这首诗的意思是，每个人都希望自己的孩子很聪明，但我被聪明才智误了一生，所以我希望这个小孩能愚钝一点，这样或许可以无灾无难当上大官。

苏轼是个豁达开朗的人,虽然黄州的生活很贫困,但是他从中找到了很多乐趣。苏轼对吃的方面很有兴趣,他总是利用当地便宜的食材,研究出可口又新奇的佳肴。在黄州,猪肉是非常便宜的食物,黄州人喜欢以红烧的方式来烹调猪肉,但方法跟眉州的煮法不一样,也比较油腻。苏轼想,如果能做出一种肉,既有黄州红烧肉的美味,又能像眉州人煮出的猪肉那么清爽不油腻该有多好。于是他开始不停地研究,他先用眉州煮肉的方法,将大块的猪肉放进锅子里煮,煮熟后取出来,用刀子将肉切成方块,再淋上调味料,接着将肉和调味料一起放进砂锅里炖烂。这样一来,炖出来的红烧肉不油不腻,酱汁又十分入味。因为是苏东坡发明的烹调法,于是大家称这种肉为"东坡肉"。

苏轼虽然谪居黄州,但并没有让他在文学上的成就有任何减损,反而因为心灵上的安逸和恬静,让他创作出更好的作品。

这段时间,他写出了气魄万千的《赤壁赋》与《念奴娇·赤壁怀古》,也写出了然豁达的《定风波》(莫听穿林打叶声）。连神宗在朝廷里，也常向人打听苏轼是否有新的作品问世，常问及苏轼的近况，对他的一举一动十分关心。

有一天晚上，苏轼在外面跟朋友喝酒，等到酒醒之后回到家，家里的人已经睡了。他听见家童的打呼声，怎么叫门也没有人起来帮他开门，于是拄着竹杖站在江边听着江流声，兴致一来便坐上一叶小舟，让小舟顺着江水慢慢漂流。在小舟里欣赏满天星斗的他，真想就这样驾着小舟四处遨游，过完自己的后半辈子。苏轼感此情境，写下了一阕词[①]。

这阕词一写出来，很快就广为传诵，但是谣言也跟着四起。大家都说苏轼趁机驾着小舟逃亡了，吓得黄州知州赶紧派人到苏轼家一探究竟，因为，苏轼被谪居到黄州，知州有责任不让苏轼离开。他派去找苏轼的人慌慌张张赶过去，结果发现苏轼正在家里睡觉，鼾声大作。这件事还

[①] 苏轼写下的词是《临江仙》："夜饮东坡醒复醉，归来仿佛三更。家童鼻息已雷鸣。敲门都不应，倚杖听江声。　长恨此身非我有，何时忘却营营？夜阑风静縠纹平。小舟从此逝，江海寄余生。"

传到京城里，连神宗皇帝都知道了。

后来又有一次，苏轼因为眼睛不舒服，一个多月没有出门。谣传苏轼已经去世了，神宗听到这个消息，难过得吃不下饭，深深地叹了口气说："才难，才难！"神宗那天一口也没吃便离开了，后来才知道是谣传。

苏轼在黄州时，不仅自食其力地过着农夫的生活，还利用自己的影响力，救了许多当地的婴儿。原来在黄州一带有个习俗，一户人家只能养两个男孩一个女孩。如果多生了孩子，通常会在孩子刚出生时，将小婴儿放在冷水里，让他淹死。苏轼看了非常不忍心，于是他捐出自己多余的钱，也向一些有钱人募款，组成了一个救儿组织，钱由安国寺的和尚管理。他们平时到乡下调查，知道哪个妇人快要生产了，就问妇人是否愿意养这个孩子，要养的家庭，他们会送给米粮和布；如果不想养，他们会代为安排，把小婴儿送给愿意养孩子的好人家收养。苏轼说："要是一年能救下一百个婴儿，也算是功德无量。"

苏轼在黄州生活了五年，这五年他过得虽然清贫，却得到人生中真正的快乐。后来，神宗皇帝希望他回京城里的史馆任职,却被皇帝身边喜欢进谗言的小人反对。因此,皇帝只好下令,把他的谪居地从比较偏远的黄州,移到离京城近一点的汝州。苏轼刚接到命令的时候,十分不愿意离开黄州。他想写一封信给皇帝推辞掉这样的恩惠,但这是皇帝亲自下的诏命,不能违抗,他只好抛下多年辛勤耕耘的家园,往汝州出发。

14. 看破仕途

去往汝州的路上，一家人颠沛流离，吃尽了苦头。可是，苏轼他们还没来得及到达汝州，神宗皇帝就病逝了，由哲宗即位，太后摄政。

太后命苏轼到登州当知州，消息一传来，全家人欣喜若狂。他们高兴地往登州出发，但是才到登州五天，苏轼又接到新的命令，要他上京城当官，一家人又急忙跟着苏轼一路颠簸到达京城。

这次到京城，苏轼经历了他一生当中官位最显赫的时光。太后对苏轼的才华十分欣赏，苏轼在短短几个月内，跳升四品，最后当上三品的翰林学士，负责起草诏书，这个职位只在宰相之下，地位非常高。而太后也对他十分礼遇，常在天寒地冻的时候，命人送热好的酒给他饮用。接下来的两年多，苏轼不仅得到高官厚禄，文学上的名声

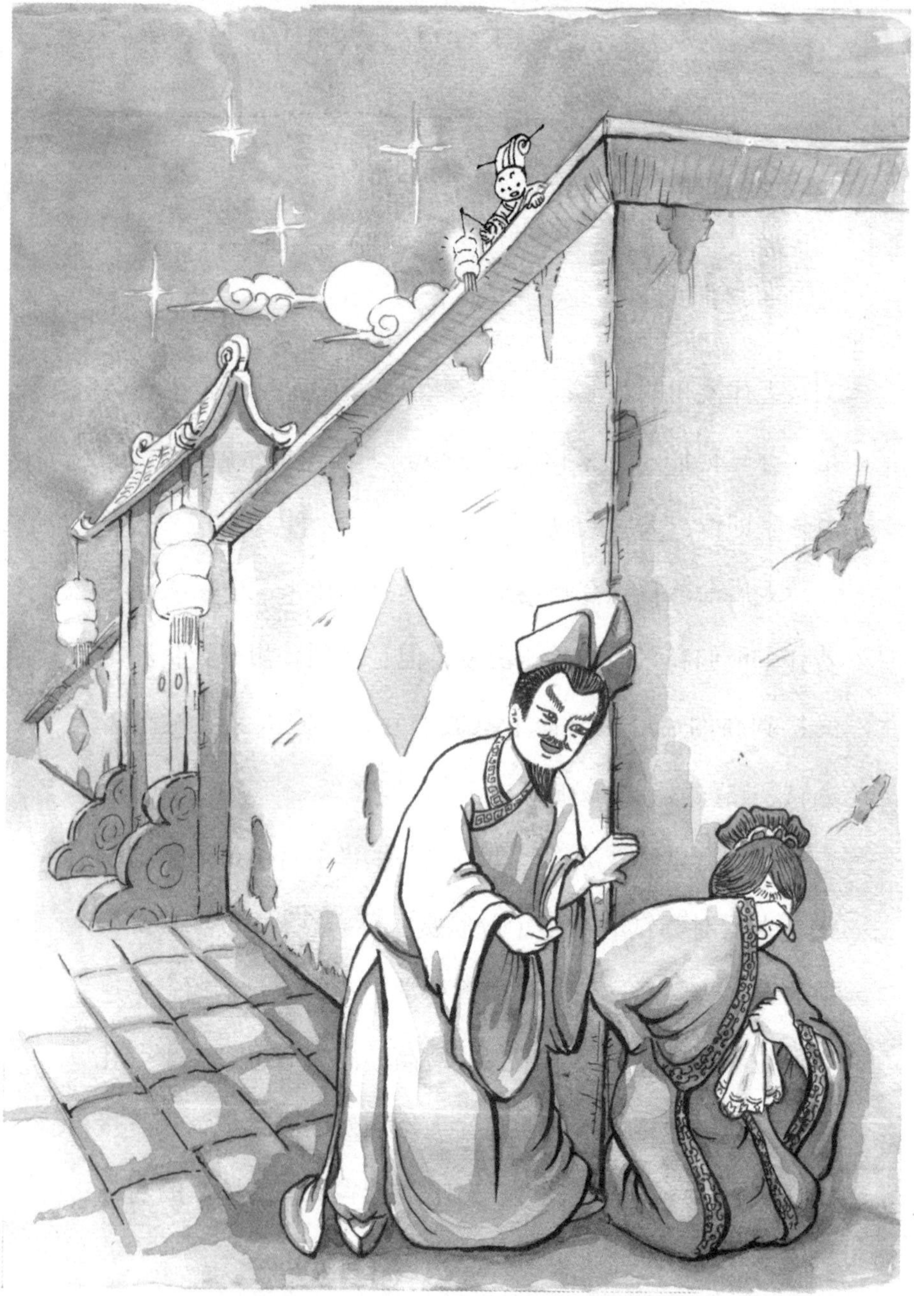

也被推升到最高点，文人朋友都崇拜他，大家公认他为学者当中的领袖，称与他时有书信往来的黄庭坚、秦观、张耒、晁补之是"苏门四学士"。连他喜欢戴的帽子样式，大家都争相模仿，称这种帽子为"子瞻帽"。

苏轼在京城的生活多彩多姿。他生性好客，时常宴请文人雅士，尽情地饮酒酬唱；他也会在平时陪同家人逛逛京城的大街小巷。这样惬意的生活，又极受尊崇的待遇，让一些人感到十分眼红。朝廷里早已有分党结社的情况，因为党争产生了许多纷争，苏轼不愿归属于某一党派，于是，让这些身处党派之争的人，都视他为眼中钉。他们怕苏轼在诗句中批评自己，怕太后如此看重苏轼，会让自己的政治地位不保。于是，这些人开始上书给太后，纷纷弹劾苏轼，说尽苏轼的坏话，将苏轼写的诗句一句句拿出来做文章，说他对皇帝不敬、对国家不忠。然而这些弹劾书一到太后那里，太后就把它们放在一边，连看都不想看。因得到太后的厚爱，苏轼有机会在太后面前为地方百姓说话，还向太后揭发了一些恶官的恶形恶状。因此，在政坛上许多人都与他为敌。

苏轼看到这么混乱的政党争斗,觉得十分没有意思。于是,他一而再再而三地提出自动外调的请求,希望可以到他喜爱的杭州任职。最后,终于如愿以偿,太后让他以龙图阁学士的身份出任杭州知州,并领兵浙西。

当他离开京城时,皇帝特别赐给他许多礼物。他的好友老臣文彦伯在送行时劝他不要再写诗了,以免又惹祸上身。苏轼坐在马上大笑着说:"我若写诗,有一大堆人正等着帮我注解呢。"说完便策马离开京城,往他最喜爱的杭州奔去。

15. 恬淡自处

苏轼到了杭州后,并没有养尊处优,反倒是在短短的一年半里,为杭州修建了许多重要的公共设施。他善用太后对他的赏识,要求朝廷拨款从事各项建设,完善了杭州的供水系统,疏通了盐道,重整了西湖,此外还平抑粮价、设立公共医院。苏轼更不顾旁人的质疑,热心赈灾,救活了许多灾民,出钱支持州学的学生就学。他的举动让杭州的老百姓对他更加爱戴。

有一日,一个年轻人拉扯着另一个年轻人到衙门告状。

"把你们的案情说出来让我听听。"苏轼命令这两个年轻人。

被告的年轻人说:"我们家世代都以卖扇子为生。去年我父亲临终前,留下一些债务,我也想还,可是,今年天天下雨,天气凉爽,扇子卖不出去,我是真的没有钱还债,并不是想赖账。"

苏轼想了想,对被告的年轻人说:"你去拿一堆扇子来,我帮你卖。"

被告的年轻人半信半疑地拿来一堆白绢布做的扇子给苏轼,只见苏轼拿起笔,在扇子上写诗作画。不到一个钟头,所有的扇子全都画好了。苏轼把扇子拿给被告的年轻人说:"把扇子拿去卖吧,卖完好还债。"

苏轼帮人画扇的消息很快传遍杭州城,两个年轻人才踏出衙门,外面已经挤满了要买扇子的群众。一下子所有的扇子就被买光了,年轻人也轻松地还清了债务。从那时起,杭州人喜欢把字画画在扇子上,这种扇子后来被称为"杭扇"。

有一年,杭州流行瘟疫,许多穷人没有钱看病,只能等死。苏轼发现自己先前得到的一份药单"圣散子",刚好可以治愈这样的瘟疫,而且药方并不昂贵,一帖只要一文钱,于是他将"圣散子"用大字抄写出来,公布在城中的广场上,让每个老百姓都可以自行到药房去抓药,这帖

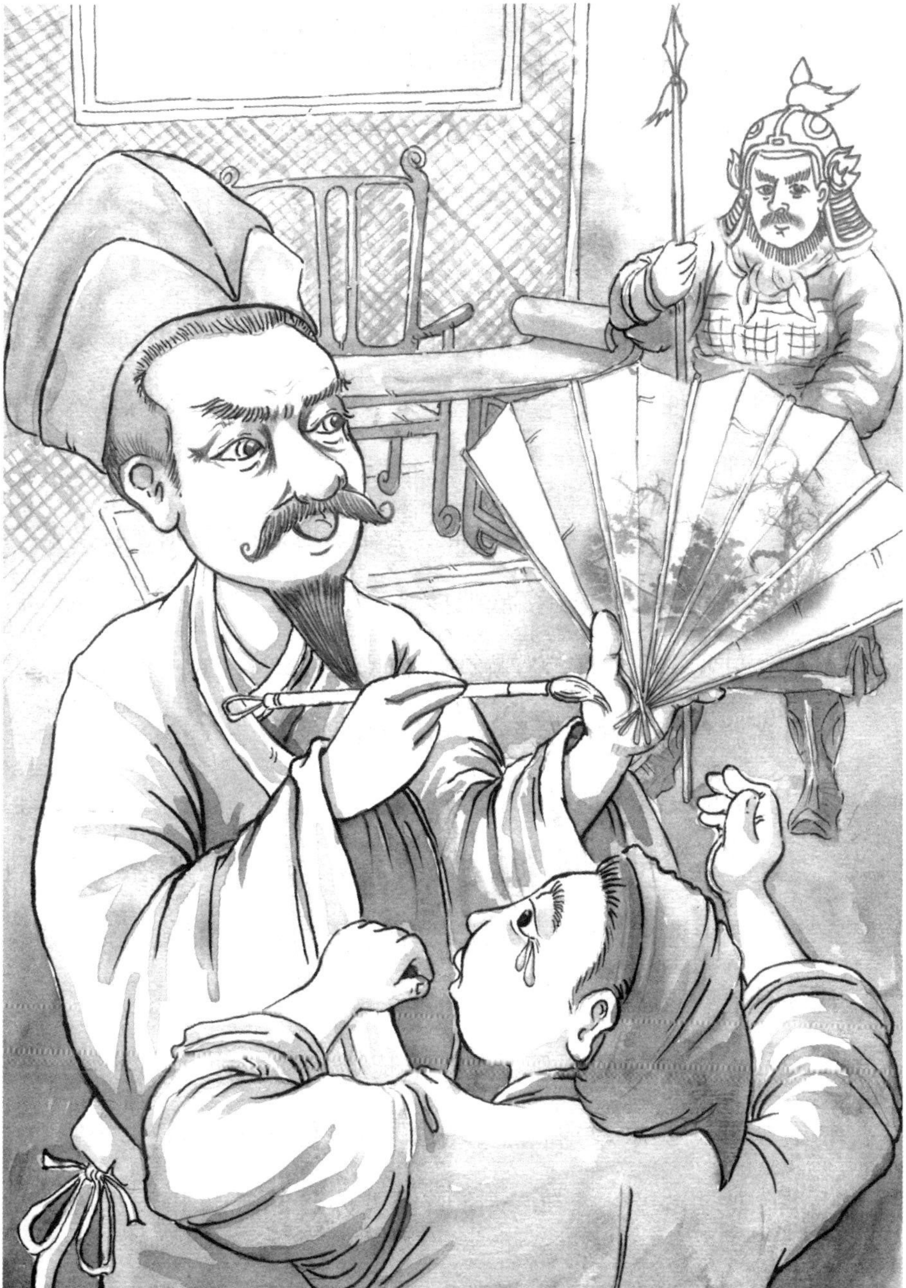

药也因此救活了成千上万的病患。

他的好友问他:"苏学士,我记得这帖药方是你的好友巢谷给你的,不是吗?"苏轼点点头说:"没错,正是巢谷兄给我的圣散子药方。"

"我记得,当时巢谷兄要你发誓,不可以将药方传给其他人,如果失约,要葬身江底,对不对?"朋友用质疑的眼神看着苏轼。

苏轼一听哈哈大笑,完全不在意地说:"没错,我是失约了,就让我葬身江底吧!"

只要是为了百姓,就算要苏轼真的葬身江底,他也毫不在意。正是这样爱民又豪情万丈,让苏轼无论走到哪里,都能受到当地百姓的爱戴。

苏轼也为杭州人在西湖建造了最完善的水利系统,今日西湖上还可看见一道长长的苏堤,就是当年苏轼建设西湖时留下的遗迹。

苏轼到杭州的第二年,杭州发生旱灾,苏轼上书给朝廷,要求政府减税,并提供平价的米给百姓。许多人因此受惠,便在家里面供着苏轼的画像和长生牌位①，感谢他的恩德并为他祈福。

后来，太后又调苏轼回到京城当吏部尚书，但朝廷中的争斗越演越烈，苏轼对如此混乱的时政感到很失望。

太后逝世后，苏轼被外调出任定州知州。在太后去世之前，他的妻子王润之也去世了。所以当苏轼离开京城时，只有他的小妾朝云跟着他。

原本以为终于脱离纷纷扰扰的政治斗争，没想到，哲宗亲政后重用章惇，章惇在皇帝面前说了很多苏轼的坏话，于是苏轼连续被贬，最后谪居惠州。这个章惇，其实是苏轼年轻时就认识的朋友，他个性偏激，苏轼早已有所感受。

某日，苏轼邀章惇一起去游潭，章惇不怕万丈深渊，独自一人走过简陋的窄桥，在对岸的峭壁上刻下"章惇、苏轼到此一游"几个字。

苏轼那时就曾对章惇说："你将来一定敢杀人，因为一个敢拿自己生命开玩笑的人，也一定敢拿别人的生命开

---

① 长生牌位：古时人们供长生牌位，是为还活着的人祈福。

玩笑。"

没想到苏轼的话果然成真,或许是嫉妒,或许是苏轼怡然自得的生活态度,让一直身处党争中心的章惇非常羡慕,进而产生不平衡的心态,所以他才处处与苏轼为敌。章惇一心想要陷害苏轼和他弟弟苏辙,所以在小皇帝面前说尽苏轼的坏话。苏轼被贬到惠州谪居后,他还故意派跟苏轼一家有宿怨的程之才①到惠州当苏轼的长官,希望程之才趁机整治苏轼。

没想到程之才为了弥补以前的过失,与苏轼情同兄弟。苏轼也劝程之才趁有权在握时多为百姓谋福利,他们两个人互相欣赏,完全出乎章惇的意料,这让章惇更加生气,于是他又开始计划要将苏轼放逐到海岛去。

苏轼个性豪放、气度开阔、心境闲适淡然,所以无论到哪里都能过得很安逸。他待人热情真诚,也让他处处都能结交到好朋友。这时候朝云也去世了,苏轼非常难过,

---

① 苏东坡的一个姐姐,嫁给了母舅家的一位表哥,也就是程之才。但是这位姐姐嫁入程家后不久就死了。苏洵认为女儿因受到不好的对待,才会早死,所以写了一篇文章来骂程家的人,也和程家断绝了所有往来。

他在惠州盖了一间房子,称为"朝云堂",过着清淡安逸的日子。

苏轼以为自己可以在惠州终老一生,没想到,章惇看到苏轼被谪居于惠州后所写的诗句,居然还是呈现出优哉乐观的心境,心里非常嫉妒。所以,他又开始想尽办法在哲宗面前造谣。终于,哲宗又将苏轼贬到儋州,也就是现在的海南岛。

在年轻时,苏轼已经看清楚章惇这个人的本性,但他没想到,年轻时的朋友竟让他到年老时漂流失所到了海岛。

16. 随遇而安

苏轼收到要他谪居到儋州的命令时，深受打击。他原本以为自己可以老死在惠州，没想到六十岁了，还要被流放到当时被认为是蛮夷之地的儋州。这一去，不知道还有没有命可以回到中原，自己的结局是那么难料。所以当苏轼要坐船到儋州时，大家都当作是见他最后一面。弟弟苏辙也大老远地来送他，两兄弟相对而泣，整夜没有睡觉，把握这最后的说话机会。苏轼将自己的后事交代给长子苏迈。天亮后，跟大家告别，由小儿子苏过陪他到儋州去。

他们一到儋州，当地的县令张中马上就来接待他们。他看苏轼没有地方可以住，就让他住在一处老旧的官舍里。官舍一下雨就漏水，张中也命人帮他们整修。这件事让章惇知道了，就免去了张中的职位，并且将苏轼赶出官舍,还下令不准当地的老百姓租房子给苏轼住。苏轼只好在槟榔树下盖了一间简陋的房子,勉强避风挡雨。可是一个真正胸怀宽阔、随遇而安的人,是不会因外在艰难的环境而消沉的,苏轼很快就和当地人打成一片,结交了不少好朋友。

苏轼在儋州生活了三年,生活虽然艰苦,可是心灵上却十分满足。他认为可以和这里的朋友们毫无心机地谈天说地,一点也不需要害怕说错话,这样的生活比起在京城里,每说一句话都要斟酌考量来得畅快多了。虽然如此,苏轼还是希望在有生之年能回到中土。

后来,哲宗驾崩,由哲宗的弟弟徽宗即位,由他们的母亲——神宗的皇后,也就是新太后摄政。新太后一上朝,马上下令让苏轼回到中原,而章惇被贬到了儋州。当章惇到儋州时,那里的百姓没有人愿意让章惇租他们的房子。他们对章惇说:"以前我们租房子给苏学士会被判刑,现在我们哪还敢随便租房子给被贬官的人呢。"章惇发现他对苏轼的种种刁难,在他自己被贬官到儋州后,得到了更残酷的报应。

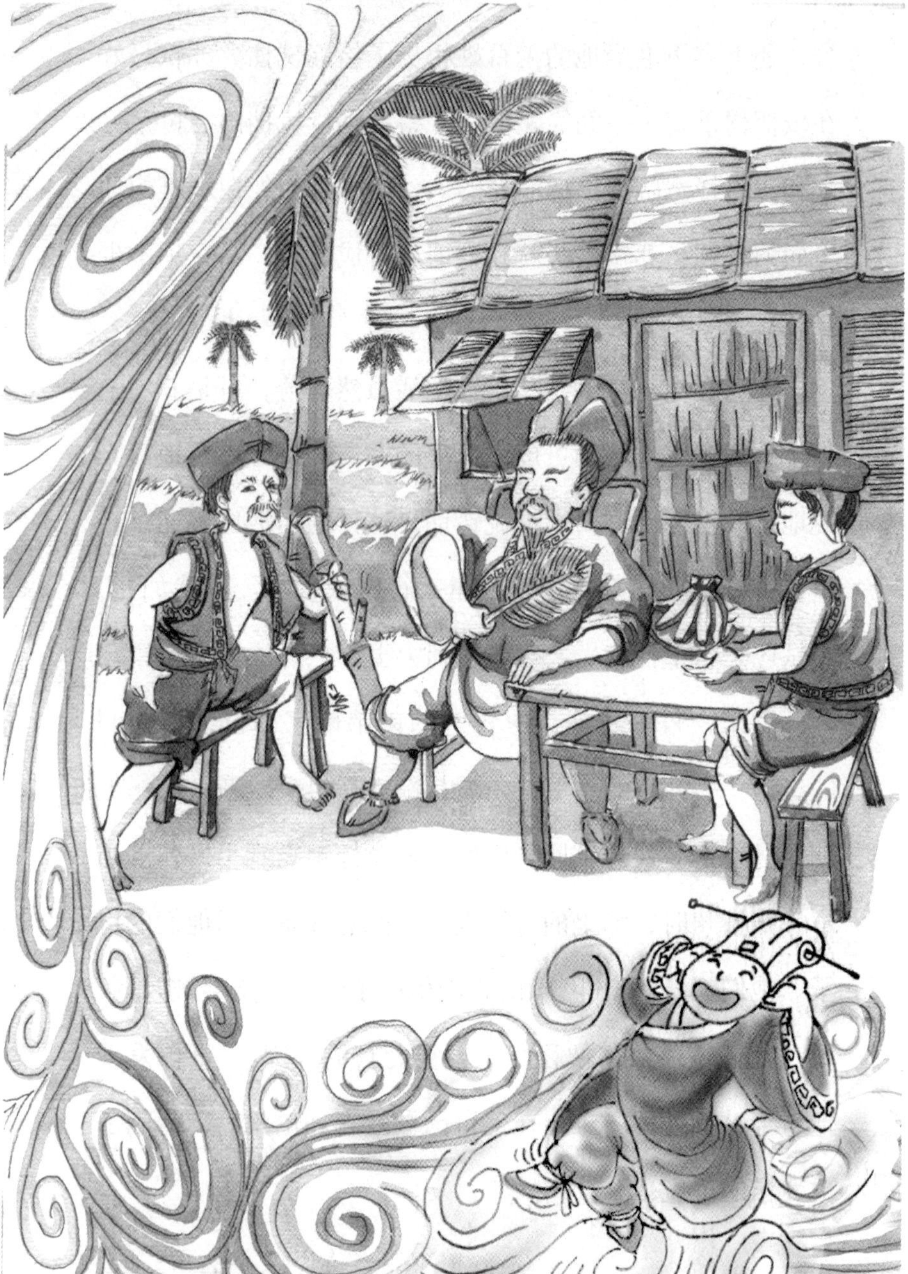

苏轼终于回到中土，当他来到常州时，身体忽然感到不舒服，便住下休养。他对身边的亲友说："我生平没有做过什么坏事，我不会进地狱的，所以我并不畏惧死亡。"

七月下旬，苏轼在常州的住所里，静静地走完了他精彩的一生。

苏轼留给后人的，除了他超然卓越的文学作品外，更让人难忘的是他率直、坦然、热情与慈悲的个性。后人根据他的嘉言懿行，加入了许多想象，编撰了很多有关他的小故事，至今流传坊间。这些故事无论真伪，都说明苏轼在大家的心里，早已留下了无法抹灭的印记。

苏轼小档案

1037 年　苏轼出生。

1054 年　娶王弗为妻。

1057 年　中进士；母丧服孝二十七个月。

1059 年　举家迁往京师。

1061 年　任凤翔判官。

1064 年　任职史馆。

1065 年　妻王弗丧。

1066 年　父丧服孝二十七个月。

1068 年　娶王润之为妻。

1069 年　返回京师；任职史馆。

1071 年　因批评新法，忤王安石，外调任杭州通判。

1075 年　上任密州知州。

1077 年　任徐州知州。

1079年　任职湖州知州；后因诗文多讥讽时政，被捕入狱。

1080年　谪居黄州。

1082年　在东面筑东坡雪堂，自号东坡居士。

1084年　奉诏往汝州。

1085年　往登州，任登州知州；入京任礼部郎中。

1086年　为翰林学士、知制诰。

1089年　任杭州知州。

1090年　在西湖筑长堤，人称苏堤。

1091年　任颖州知州。

1092年　任扬州知州；后迁为礼部尚书。

1093年　妻王润之丧；高太后去世；哲宗命出任定州知州。

1094年　谪居惠州。

1097年　谪居海南儋州。

1101年　北返常州；同年病逝于常州。